소금이 온다

김장호시집

시인의 말

나는 乙이다
당신 중심으로 돌아가는 세상의 시계
당신 눈 밖에 벗어나지 않으려
새벽이슬 맞으며 집을 나서고,
당신의 인정을 받으려면
하루해가 모자란다

나는 乙의 주체다
밥줄에 매달려 매사 참고 견뎌낼 뿐
가슴속 노라조의 〈슈퍼맨〉은
끝끝내 침묵을 삼켰다
그런 날이면 한밤에 깨어나
내 영혼의 옆구리를 한번 만져본다

나는 乙의 시인이다
고통 없이 소금은 오지 않는다
세상에 대한 믿음을 저버리지 않고
가슴속에 바다 한 뙈기 일구는
이 세상 乙에게
이 시집을 바친다

2018년 1월
김장호

차 례

● 시인의 말

제1부

목멱산 고래 ──── 10

못질 ──── 12

父子別曲 2 ──── 14

숭례문 구둣방 ──── 17

살구나무 2 ──── 20

세로토닌 한 근 끊어가다 ──── 22

소금이 온다 ──── 24

손금 봐줄까요? ──── 26

악수를 하며 ──── 28

오늘의 한 수 ──── 30

아버지 걸레 되시다 ──── 32

강마을 우체통 ──── 34

퇴계와 다산의 말꽃 ──── 36

일기예보 ──── 39

제2부

숭고한 밥 —— 44
세탁주의자의 세탁論 —— 46
화엄 —— 49
강제집행 —— 50
남한강 —— 52
땡볕의 두더지 게임 —— 56
불빛의 배후가 수상하다 —— 58
서툰 시위 —— 60
시시포스의 엘리베이터 —— 62
알바트로스 —— 64
日出 2 —— 66
한밤의 낙관 —— 68
빚 받아줍니다 —— 70
말씀을 말리다 —— 72
명성에 대하여 —— 73
마포대교 —— 74

제3부

가지치기 —— 76

개기식 —— 78

나의 그림자 —— 80

나의 버킷리스트 —— 83

나의 연기는 낙관이 없다 —— 84

냉장고의 기척 —— 86

사마귀 —— 88

청둥호박의 뚝심 —— 90

신사임당 어르신 —— 92

앞니를 떠나보내며 —— 94

발버둥에 대하여 —— 96

독작 —— 97

耳順의 술독 —— 98

마음길 —— 100

틈 —— 101

진원지 —— 102

옆집에는 얼굴 없는 목소리가 산다 —— 104

제4부

갓바위 부처님 —————— 106

눈치病 —————— 108

덧정 —————— 110

연리지連理枝 —————— 112

병사의 쪽방 —————— 114

봄날은 간다 —————— 116

비익조比翼鳥 —————— 118

아카시나무의 자위 —————— 120

어미의 빨랫방망이 —————— 122

저녁 연주 —————— 124

종심從心의 사랑길 —————— 126

헌 달력 함부로 갖다버리지 마라 —————— 128

말매미의 소야곡 —————— 129

立春 2 —————— 130

▨ 김장호의 시세계 | 배한봉 —————— 131

제1부

목멱산 고래

서울 도심에 고래 한 마리 살고 있다
그것도 몸집이 거대한 대왕고래
누가 언제 포획했는지 분명치 않으나
언제나 묵묵히 등을 내줄 정도로
이보다 더 순할 수 없다
한 번도 잠수하는 걸 보지 못했으나
밤이면 마치 망망대해를 헤쳐 나가듯
정수리에 빨주노초파남보 무지개색
삶의 등댓불이 켜진다
사람들은 아침저녁으로 쳐다보면서
저마다 가슴속에 대왕고래 한 마리 품고
사냥을 꿈꾼다 패기 찬 포수들은
기다림의 그물을 마냥 쳐놓지 않는다
아침이면 안전장구를 갖춰 삶의 바다로
고래사냥에 나선다 거친 숨을 몰아쉬며
고래와 격렬히 맞붙어 싸울 때는
가슴이 터질 듯 심장의 펌프질은
금세 임계점을 넘나든다

어떤 놈은 사람을 한입에 삼킬 정도라
섣부른 자신감으로 대들다 더러는
에이허브* 선장처럼 치명상을 입는다
어느 포수는 용케 삼각파도를 피해서
몸집이 집채만 한 고래 심장에 작살을 꽂아
가을 바다를 피로 붉게 물들였다
다들 그 명포수의 무용담에 한껏 취하다
밤늦게 목멱산 등댓불을 쳐다보며
고래 그림자만 끌고서 귀항하곤 한다
그럼에도 내일 또다시 포경선을 탈 것이다

* 소설 「모비딕」에 나오는 포경선 피쿼드호의 선장.

못질

이삿짐을 정리하고
가훈 액자 걸려고 거실을 둘러본다
우리 집은 어머니의 유훈을
가훈으로 삼았다
'남의 가슴에 못을 박지 마라'

가훈 액자 걸어둘 벽에
탕탕, 망치로 못을 박는다
벽의 비명 소리가 집안에 울리고
못이 구부러진다
또다시 못질하지만 벽의 살점이 부서지고
못이 바닥에 뚝 떨어진다

살면서 살아가면서
한두 번 못질하지 않는 이 없다
때론 남의 가슴에 못을 박는다
혼자 사남매 건사한 어머니
언젠가 오일장 다녀온 날

밤새 몸살이 났는지 몸져누웠다
실은 가슴에 박힌 크고 작은 못
하나둘 뽑아버리느라 그리 앓았다
이승에서 차마 뽑아내지 못한 못
지금도 당신 가슴에 남아 있을까

벽을 한번 쓰다듬는다
정말 가치 있는 못질이니
못이 가슴에 박히는 아픔을
잘 감당하길 바라며
오래오래 품어주길 바라며
다시금 힘주어 못을 박는다

父子別曲 2

1

나는 꼿꼿한 골목의 파수꾼
숲에서 몸을 얻었어요
마을버스만 다니는 그 동네
고작 다섯 걸음 폭의 골목길
까치가 두 음절로 아침을 쪼아대고
저물해지면 외등 켜들고
골목 사람들과 다습게 눈을 맞춰요
한평생 어깨에 전깃줄 둘러메고
여태껏 뚝심으로 버텨왔으나
피사의 사탑처럼 기울어진 어깨
저승꽃에 수전증 걸린 나무 전봇대
외등이 깜박거리거나
아예 꺼져 있는 것도 그 탓이에요
여름날 나를 타던 나팔꽃의 나팔 소리
말타기를 하던 아이들의 온기
모두모두 사라졌어요
닳고 닳아버린 나의 육신

인고의 시간은 길고 길었어요
머잖아 生의 뒤안길로 떠나가겠지만
이 밤 당신이 이끌고 돌아온 골목을 밝혀요

2
나는 든든한 길거리의 초병
땅에서 몸을 얻었어요
나는 소문난 멀티플레이어
어깨에 둘러멘 전깃줄뿐이랴
변압기를 품에 안고 통신·케이블선,
위치확인 시스템, 전기차 충전까지
세상을 떠받치는 콘크리트 전봇대
주말 저녁의 전단지와 온갖 잡동사니도
군말 없이 다 받아 주는 키다리 아저씨
한번은 젊은이가 무에 그리 서러웠는지
날 붙잡고 밤하늘 쳐다보며 흐느꼈어요
난 그 눈물의 등짝을 가만히 다독여주었어요
어젯밤은 취객이 오줌 내갈기더니 분풀이하듯

내 정강이를 마구 걷어차기도
워낙 맷집이 좋아서 웬만한 통증은
통증으로 느끼지 않아요
시간이 빠르게 늙어 가면 언젠가
生의 뒤안길로 사라지겠지만
이 밤 당신이 이끌고 다녔던 길을 밝혀요

숭례문 구둣방

숭례문 밖 대로변에 있어요
한 평 남짓 허름한 구둣방
삼십 년간 구두를 수선하고 광내며
큰 욕심 없이 살아가지요

오직 맨손으로 구두를 닦아요
천으로 약칠하고 광내면
빈틈이 남기 십상이죠, 그래서
맨손에 구두약을 묻혀 닦는 거예요
날마다 이 흉하고 거친 손으로
구두 주름까지 반짝반짝 광내지요
땀은 배신하지 않는다고
입소문 타고 단골도 늘었어요

분주한 발걸음이 오가는 구둣방
남자는 구두로 말한다지요
매일 수십 켤레를 닦다 보니
이젠 구두만 쓱 봐도

당신의 삶과 성격이 보여요
눅진한 땀 냄새와 거친 숨결을 느껴요

어디 한번 볼까요
세 번째 굽갈이한다고요
겉가죽은 주름 골이 깊고
뒤축은 바깥 면이 많이 닳았군요
기울어진 운동장이라 그럴 거예요
당신 발에 길들여진 검정 구두
한때 세상의 길을 이끌고 다니며
질주의 욕망을 불태웠겠지요
때로는 잘못 든 길, 가고 싶지 않던 길
가지 못한 길도 없지 않았겠어요

구두가 어디 당신 체중만 싣던가요
당신이 평생 감당해야 할 몫
가족의 짐, 세상의 짐, 마음의 짐까지
그 삶의 무게가 얼마든가요

마음에 쫓겨 잰걸음 놓을 때도
이 구두가 당신 짐을 싣고 다녔어요
얼마나 치열한 삶의 구두인가요
능히 戰士의 구두라 부를 만하잖아요

예부터 저 숭례문을 들어설 때
다들 차림새를 가다듬었지요
새 구두처럼 손질하고 광냈으니
정상운행에 차질 없을 거예요
다시금 질주의 욕망을 불태우겠어요

살구나무 2

그 광장에 오래된 살구나무 서 있어
가까이 다가서 귀 기울이면
들린다 맑고 청아한 소리
새벽 산사의 도량석 목탁 소리처럼
높낮은 음계 오르내리며
귀를 씻어주고 마음을 깨우고 있어
오늘은 누가 저리 목탁을 두드릴까
목탁귀 밝은 이들이 드나들 때 시나브로
울리는 소리, 너는
봄날 연분홍 꽃으로 피어나고
여름날 황금빛 살구로 익어가고
세상에서 가장 좋은 목탁은
백 년 묵은 살구나무 뿌리로 만든다지
소리 공양은 십리 밖에서도 들린다지
가야산 자락 어느 장인 있어
일만 번의 손길에 삼 년 반 걸렸다는
그 은은한 목탁 소리, 그래
만파식적萬波息笛의 소리가 나라를 구했다면

백 년의 소리는 세상의 영혼을 울리겠어
그 광장에 장군죽비처럼 서 있는 살구나무
제 몸을 깎아 당신의 마음을 깨운다

세로토닌 한 근 끊어가다

하늘이 잔뜩 찌푸렸다
세로토닌 결핍이다

잎새 푸르른 아침을 열기 위해서는
우리는 더 부지런해야 한다
오늘은 움직일 것
나날이 새날 아닌 날 있더냐
먼저 한 잔의 물맛을 느껴볼 것
휴대폰과 컴퓨터를 닫을 것
눈부신 아침 햇살을 두 팔 벌려 껴안으며
소리 내 웃어보자

열매 탐스런 한낮을 만나기 위해서는
우리는 더 가벼워져야 한다
오늘은 버릴 것
감나무가 감또개를 버리듯
놓아라 놓아버려라
딱 놓아버리고 체념하면 튼실해진다

남의 행복을 탐하는 마음
이제 그만 내려놓고 자유로워지자

꽃잎 붉은 저녁을 맞이하기 위해서는
우리는 더 너그러워져야 한다
오늘은 용서할 것
하루의 퍼즐을 맞출 시간이다
어머니가 당신 허물을 품어주듯
저녁놀처럼 아름답게 용서하자
세상 가장 낮은 다리를 건너온 저녁에게
별들의 안부도 물어보자

오늘은 휘파람 불며 집으로 돌아간다
익숙한 저녁 냄새들이 우글거리지만
돼지고기 한 근과 소주 한 병이면
우리 밥상엔 세로토닌이 넘쳐흐르겠다

소금이 온다

소금이 온다
신안 증도 태평염전 소금밭
한여름 뙤약볕을 삼켜서야 소금이 온다
하늬바람 부는 날에는
바스락바스락 발소리 내면서

소금이 온다
고통 없이 소금은 오지 않는다
바다가 바다를 낳고
파도가 파도를 낳는 그 산고産苦의 눈물
햇볕과 바람에 말리면서
비지땀 흘려가며 고무래질해야, 비로소
드넓은 소금밭에 하얀 소금이 온다
밤 이슥하도록 소금이 살찐다

두 눈을 지그시 감는다
담백한 짠맛은 바다의 것이리
부드러운 단맛은 햇볕의 것이리

짭짤한 향기는 바람의 것이리
가슴에 바다 한 뙈기 일궈본 자만이
소금의 참맛을 안다

당신의 소금창고에는
우유니 소금사막*보다 더 영롱한 눈물이
고슬고슬 여물어간다

* 세계 최대 규모의 볼리비아 소금사막.

손금 봐줄까요?

얼굴이 삶의 이력이라면
손바닥은 生의 거울이에요

어디 한번 볼까요
사람의 길흉화복은 손금에서 나오는 거예요
생명선이 곧게 뻗어야 단명하지 않고
운명선이 가늘면 뜻을 이루기 쉽지 않고
성공선이 희미하면 재물 모으기 힘들어요
세상에 똑같은 선 없어요
여기 핏기 없는 한갓진 선 보세요
등 굽은 바람이 역주행하잖아요
쭉 뻗어가는 힘이 부족한 탓이에요
그니까 제아무리 손바닥에 못이 박여도
밥줄 끊길까 뺏길까 잃을까
늘 노심초사할 수밖에요

외줄기 밥줄
세상살이 다 밥줄에 달렸어요

무릇 밥줄이 튼튼하고 볼일이에요
사람은 밥심으로 산다는 말
괜히 나온 게 아니에요
어찌 숭고한 밥 앞에 머리 숙이지 않겠어요
별 다섯 개의 중요도, 밥줄
이참에 손바닥을 재건축하세요
설령 삶의 안식각安息角*이 크지 않더라도
운명을 리모델링하는 시술은
그닥 어렵지 않아요

손바닥에 길이 있다
지금 새로운 밥줄이 예리하게 그어질
당신의 손바닥은 공사 중이다

* 안식각 : 퇴적물이 무너지지 않고 안정을 이룰 수 있는 최대 경사각.

악수를 하며

악수로 하루의 문을 연다
내 몸이 가장 먼저 내미는 오른손
워낙 낯을 가리다 보니
팔을 직각으로 굽히지 않고
죽은 물고기 꼬리를 잡듯
손끝만 슬몃 잡고 놓았다 그렇다고
당신과 친하고픈 마음 없는 게 아니다
워낙 억센 당신 손아귀의 힘에
내 손금의 숨통이 막혀버려
반나절 기를 펴지 못했다
손바닥으로 읽는 세상
그래, 악수에 밀리면 안 된다
이젠 당신 마음의 눈금을 읽을 만큼
손아귀의 힘도 더욱 길렀다
내 몸이 가장 먼저 내미는 오른손
상대가 누구든 눈을 응시하며
부서져라 손을 꽉 쥐고 흔들어준다
만약 당신이 내 운명을 지배할 자라면

왼손도 재빨리 함께 나서서
허리 굽혀 당신 손을 붙잡는다
때로는 내 손등이 바닥을 향하기도
악수가 끝나면 움켜쥔 허공이
손가락 사이로 빠져나가고
하루의 문이 닫힌다
늦은 밤, 오늘도 참 수고했다고
내 안의 나에게 악수를 청하지만
더러 외면당할 때도 있다

오늘의 한 수

서울역 맞은편 웅장한 빌딩
다시 보니 비자나무 바둑판 닮았어
예나 지금이나 낮밤 없는
이곳은 전쟁터
내 눈길은 벌써 허공에 매달린
욕망의 사다리를 밟고 올라간다
언제나 그랬듯이 날이면 날마다
흑백의 치열한 싸움
오늘은 과욕을 부린 탓인가
포석은 야심찼지만 거듭 무리수를 둬
大馬가 생사를 추궁 당하고 있다
오늘의 두 집을 내려고 나는
마음속에 몇 번의 전투를 치른다
반상을 응시하며 장고를 해보지만
달리 묘수가 보이지 않는다
끝끝내 오늘의 한 수를 두지 못하고
하루를 봉수封手한다

저물녘 빌딩 뒤편 골목길
예나 지금이나 밤낮 없는
저곳은 시베리아 벌판
내가 찢어발긴 시간의 파지를 줍는 할아버지
삶의 반상에 오늘의 한 수를 놓고 있다

아버지 걸레 되시다

그날 새벽이었지
매일 새벽길을 청소하던 아버지
그만 손가락을 다쳤다
희미한 피 얼룩 남은 당신의 겨울내의
어머니 생전엔 아무리 헤져도 걸레 된 적 없었던 내의,
그예 걸레 되시었다

온 식구가 바닥에 걸레질한다
아내와 누이는 무릎걸음으로
어린것은 넙죽 큰절하듯이
나 역시 두 손 모아 공손히 닦는다
걸레가 지나가면 어둠 속에서
아버지가 천천히 걸어 나오시고
몸이 닿는 구석구석 다시금 환해진다

걸레를 물에 빨면
땟물이 시커멓게 빠져나온다
혹자는 말하지 않던가요

제아무리 깨끗이 빨아도 걸레는 걸레
제아무리 삶고 말려도 걸레는 걸레

그 말은 당신의 오만과 편견이다
수정되는 게 마땅하다
집안을 건사한 자, 세상을 구한 자
모두 걸레로 소신공양했다
구석에 엎드린 걸레 업신여기지 마라
쥐어짠 걸레 함부로 던지지 마라
당신 또한 걸레가 될 몸이 아닌가

세상의 빗자루로 살아오신 아버지
이젠 걸레로 납작 엎드려서
세상의 더러움을 온몸으로 받아들이고
무르팍의 아픔을 견뎌내며
세상의 바닥을 순례하신다
여기저기 냄새 자국 훔쳐내며
구석구석 눈물 자국 닦아내며

강마을 우체통

강마을 빨간 우체통
종일 굶주린 듯 퀭한 눈이다
이제는 얼굴만 척 봐도 알지
물안개 피는 사연이 오가는 강마을
까치 소리에 창밖을 내다보곤 했지
먹고 또 먹어도 헛헛한
우체통은 봉인되지 않는다
우체통 높이로 쌓이는 기다림
진종일 당신 생각에 마음이 고팠겠지
머잖아 10억 광년의 소식도 올 거야
해질녘 붉게 타는 꽃노을 바라보다
상의 안주머니에 넣어둔
시월의 편지를 우체통에 넣는다
능소화 핀 자리 참 행복했다고, 고맙다고

강마을 빨간 우체통
채우고 또 채워도 허허로운
우체통은 봉인되지 않는다

우체통 높이로 쌓이는 그리움
온종일 당신 생각에 마음이 고팠겠지
그리운 10억 광년의 소식도 올 거야
저마다 자신만의 향지香紙에
못 다한 말, 차마 못한 말
가슴으로 써내려간 사연들이
저 허기진 시간의 강을 건너갈 것이다
가을빛 서럽게 내려앉은 저물녘
시월의 편지를 우체통에 넣는다
능소화 진 자리 참 적막했다고, 사무쳤다고

퇴계와 다산의 말꽃

　남산도서관 도로변에 퇴계 이황과 다산 정약용의 동상이 서 있다. 진정한 대학자의 풍모가 느껴진다. 그런데 서로 손 뻗으면 닿을 듯한 거리지만 거대담론을 나눴다는 얘기 지금껏 들어본 적 없다. 그 사이에 아마 건널 수 없는 강이 흐르는가 보다.

　두 어르신은 이곳저곳 강연을 다닌다. 성리학의 대가 퇴계는 출타할 때 동상 앞 택시정류소에서 모범택시를 자주 이용하지만, 개혁정치가 다산은 바로 옆 버스정류소에서 주로 노선버스를 타고 다닌다. 퇴계는 지난주 모처럼 학문의 성지 안동 도산서원과 청량산을 다녀왔다. 어젠 성균관 학자들에게 시국특강을 했다. 그때부터 흰 도포에 정자관 쓰고 오른손엔 합죽선을 든 채 한강을 바라보며 사색에 잠기곤 한다. 그래서일까, 오가는 발소리도 조심스럽기만 하다.

　다산은 어디 출타하는지 쪽빛 도포에 갓을 비스듬히 쓰고 왼손엔 『경세유포經世遺表』를 든 차림이다. 다산은 나라님의 부름을 받고 지금 궁으로 들어가고 있다. 때로는 내키

지 않고 두려운 일이지만 의관을 정제하고 길을 나선 것이
다. 오늘은 어전 특강이다. 어떻게 무너진 기강을 바로 세
워 나라를 건질지, 어떻게 해야 백성을 살릴지, 군주의 도
와 목민관의 청렴성을 내내 역설했으나 그의 낯빛이 무겁
기만 하다.

 다산은 하염없이 남녘을 바라보며 서 있다. 그 옛날을 그
리워함인가. 한강에 배다리 놓았던 일을 되새기고픈 것인
가. 저어기 수원 화성을 둘러보고 거중기를 어루만지며 감
회에 젖고픈 것인가. 내친김에 제자들과 함께 진도 팽목항
에 거중기를 전달하고픈 것인가. 저녁엔 강진의 다산초당
에서 손수 백비탕白沸湯을 끓여 백련사의 혜장선사와 밤 이
슥토록 담론을 나누고픈 것인가. 돌아오는 길에는 남양주
마재의 옛집 여유당與猶堂을 찾아 드맑은 선비들의 행장을
보고픈 것인가.

 남산은 벚꽃이 한창이다. 두 어르신의 동상 아래서는 찰
진 사투리의 말꽃이 웃음꽃이 왁자하게 피어난다. 근데 다

산의 갓머리서 놀던 비둘기 가족이 그만 한 무더기 똥을 싸 놓고 날아간다. 허허, 저런 고얀 놈들 보게. 다산은 그저 미소만 짓는다.

일기예보

이번 주는 중국發 한랭전선이 통과하면서 바람의 글씨를 마구 갈겨댈 듯하다.

이보시게, 주초는 출장지수 바닥이니 자리 잘 지키게나. 북서풍의 투레질이 심해서 체감온도는 더 낮을 거네. 당신의 주인장은 가지치기 전문가. 또다시 전지가위 만지작거릴지 모른다네. 핏발 선 칼바람에 무릎 꿇지 않는 사람 없지. 작년엔 기세등등하던 금강장사도 맥없이 나가떨어지지 않았나. 칼바람의 끝은 아직 가늠할 수 없다네. 일교차 크다고 너무 일희일비하지 말게나. 세상에 기압골의 영향을 받지 않는 삶이 어디 있나. 함부로 아플 수 없는 마흔 즈음, 설령 야근수당이 없더라도 일을 찾아가는 슈퍼맨의 면모를 보여줘야 하지 않나. 그래야 당신의 존재감을 알아줄 걸세.

이보시게, 주중엔 안개지수 높으니 방어운전하게나. 안개등 켜고 차선을 잘 지키게나. 안개는 아나콘다. 도시에 아나콘다가 출몰하면 한 치 앞을 내다보기 어려워 불안감을 떨쳐버릴 수 없을 걸세. 누구든 아나콘다의 촉수를 벗어나기 쉽지 않다네. 혹여 그놈을 맨손으로 제압할 수 있다고 섣불리 오기 부리지 말게. 팔소매 걷어붙이고 대들면 그놈은 긴 혓바닥 날름거리며 당신을 동시다발로 옭아맬 걸세. 그 은밀하고 집요한 뚝심은 웬만해서는 당해낼 수 없거든. 그놈은 평소 온순해 보여도 먹잇감을 보면 사람뿐 아니라 빌딩도 한입에 삼켜버릴 정도로 공격적이지. 그니까 아나콘다가 또다시 출몰하면 내색 않고 맞아 주게나. 그놈은 여기저기 한번 쓱 둘러보고 슬그머니 물러갈 거네. 물론 당신의 시야도 차츰 맑아질 걸세.

이보시게, 주말은 나들이지수 낮으니 그냥 집에 머물게나. 기압골의 영향으로 비가 오락가락할 거라네. 모처럼 쌍둥이 남매 앞세우고 친정에 간 아내는 글피에 돌아온다지. 소파에서 한숨 자고 일어나 괜스레 외롭다며 애먼 짓 하지 말게. 아내가 당신 마음의 채널을 원격 조작할지 모른다네. 어떤가 손빨래*는? 밥통에 밥이 없다고 투덜대지 말고, 혼자서 라면 끓여 먹고 거시기 하는 맛 그다지 나쁘지 않거든. 추레한 작업복을 숨차게 주물러 빨면 옷깃에 얼룩진 땀

방울, 뒷주머니에 넣어둔 노란조의 슈퍼맨, 상의 주머니의 쌍둥이 웃음소리, 동굴 주머니에 숨어 살던 눈물, 죄다 삶의 고랑에 뚝뚝 쏟아질 걸세.

   다음 주는 고기압의 가장자리에 들어 구름 사이로 햇살의 글씨를 잠깐 볼듯하다.

* 손빨래 : 자위행위에 관한 은어.

제2부

숭고한 밥

어느 화창한 봄날
시위대와 전경이 대치한 광장
아직 폴리스라인이 무너지지 않은
점심시간,

한 끼 노동식량을 챙기려고
시위대는 준비해온 도시락을 까먹거나
손님 북적대는 중국집에서
자장면과 짬뽕의 쫄깃한 면발을 바삐 감아올린다

한 끼 전투식량을 챙기려고
전경들은 진압봉과 방패를 내려놓고
저마다 김치제육볶음 식판 받아들고
차벽 옆에서 시위대를 지켜보며 우걱우걱 씹는다

한 끼 생존식량을 챙기려고
아침부터 밥차 앞에 줄선 사내들은
제가끔 오징어콩나물국밥 식판 받아들고

가로수 밑에 서로 돌아앉아 허겁지겁 삼킨다

한 사내가 첫술을 뜨려다 바닥에 던져준다
오늘은 올리브 가지를 물고 왔는가
비둘기가 와락 달려들어
쪼아먹는다

밥은 경전이다
우리는 한 그릇의 밥이다
줄서 탁발하고 보시하고 공양하는
시위대와 전경과 사내와 비둘기가 있다

세탁주의자의 세탁論

세상의 모든 세탁은 세탁자의 능숙한 손놀림에 달렸습니다.

돈은 악마의 배설물이다. 이는 프란치스코 교황의 말씀이에요. 그러므로 돈세탁은 무엇보다 심혈을 기울일 수밖에요. 제대로 둔갑술을 부려야 하니 먼저 따뜻한 물에 강력표백세제를 풀어 한나절 담가두세요. 편안한 자세로 손 풀기를 하다가 오시午時에 넙죽 절 한 번 하고 손가락으로 반대편 손등을 천천히 문지르다가 손바닥으로 손등을 빠르게 문질러주면 삶의 악취가 진동할 거예요. 세 번 탈수하고 고농축유연제로 헹구고 건조기에 넣어 돌리면 아무리 냄새나는 검은돈이라도 신권처럼 용트림하며 뽀얗게 웃을 수 있습니다.

대한민국은 스펙 공화국이다. 스펙이 초라한가요. 이참에 학력과 면허와 자격증을 한번 세탁해보실래요. 우선 한두 번 무두질한 뒤 미지근한 물에 세척력이 탁월한 합성표백세제를 풀어 반나절 담가두세요. 간절한 자세로 손 풀기를 하다가 신시申時에 엎드려 한 번 절하고 소원을 빌 듯 손바닥을 마주대고 서서히 비벼주다 손바닥이 뜨거워지게끔 한참 비벼주면 삶의 욕망이 몸부림칠 거예요. 세 번째 헹굼물에 고농축유연제로 처리한 뒤 건조기에 넣어 돌리면 사방팔방에서 스카우트 제의가 몰려올 스펙을 갖출 수 있습니다.

가족은 나의 힘이다. 족보와 신분도 세탁 못할 것 없어요. 아홉 번 둔갑하려면 찬물에 강력효소표백세제를 풀어 온종일 담가두세요. 겸손한 자세로 손 풀기를 하다가 술시戌時에 무릎 꿇고 두 번 절하고 손바닥을 다른 손 엄지로 돌려주며 꼼꼼히 문지르다 반대편 엄지를 감싼 채 돌려가며 문질러주면 삶의 각질이 쏙쏙 일어날 거예요. 네 번 탈수하고 고농축유연제로 마무리한 뒤 건조기에 넣어 돌려주면 자신을 감쪽같이 지워버리고 기승전결을 갖춘 뼈대 있는 가문으로 행세할 수 있습니다.

누구든 인생을 살면서 꼭 하고픈 세탁이 있다. 그렇습니다. 영혼 세탁이에요. 근데 세탁 단계가 여간 까다롭지 않아요. 천 개의 얼룩이 묻었기 때문이죠. 먼저 샘물에 천연효소표백세제를 풀어 하룻밤 담가두세요. 경건한 자세로 손 풀기를 하다가 진시$_{辰時}$에 북향재배하고 양손을 깍지 끼고 손가락 사이를 문지른 뒤 손가락을 구부린 채 맞잡고 비벼주다 손톱을 손바닥에 대고 문질러주면 삶의 땟물이 엄청 나올 거예요. 다섯 번 탈수하고 친환경유연제로 헹군 뒤 자연건조하면 어떠한 영혼의 얼룩도 다 빠지고 영원토록 존엄한 대우를 받을 수 있습니다.

 주의사항, 세탁의 비책을 남에게 보이는 치명적인 실수를 하지 말아야 합니다.

화엄

일천 도씨 불꽃이 발라낸
하얀 뼛가루
한 사발

어떤 고인故
언제 태어나生
언제 죽었다卒

이 세상을 졸업했다는
한생의 압축파일

나 너 없이
甲 乙 없이
모두모두 평등한
화엄 세계

강제집행

집행관은 채무불이행자로
그의 生을 강제집행했다네

'탐스런 미끼에 현혹되지 말라'
바다의 법칙을 수차례 무시하더니
그예 퇴출되었다네

'노련한 낚시꾼은 물고기처럼 생각한다'
대물을 꿈꾸는 세상의 꾼들은
수면뿐 아니라 수심까지 꼼꼼히 살펴
낚시 포인트를 선정한다네

요즘 꾼들의 대상어는 감성돔
당신 같은 감성돔은
짜릿한 손맛을 주는 꾼들의 로망
당신의 습성과 마음을 꿰뚫고 있다네

세상에 넘쳐나는 미혹의 미끼

꾼들은 낚싯대를 드리우고
쉼 없이 고패질하며 입질을 유도하지
어쩌다 미끼를 덥석 물게 되면
순식간에 모든 상황이 끝나버리지
암만 발버둥 쳐도 헤어날 수 없어
그들은 가끔 뜰채도 없이 강제집행한다네

세상살이 어수룩하지 않은 나 또한
탐스런 미끼를 함부로 탐하다가
生의 봄날을 탕진했다네

* 바다낚시 테크닉 용어에서 제목 빌림.

남한강

묵묵히 따라간다 물길 천리
남한강의 발원지 태백산 검룡소에서
물 한 바가지 퍼마신 아비는
누렁이의 고삐를 이리저리 당기며
천리 여정의 첫걸음을 뗐다
봄의 지문을 읽으며
개불알꽃 핀 징검다리 건너가면
삼수령 서쪽으로 방향을 잡은 물길
워낭 소리에 발걸음을 재촉한다
오장폭포에서 번지점프한 물줄기
자신감의 근력이 더욱 붙었는지
산모퉁이 돌고 돌아 굽이쳐 흐른다
아우라지 나루터에서 소여물 주고
아비는 막국수와 탁배기로 요기한다
송아지 울음소리 떼놓고 길나서면
동강 떼꾼이 구성지게 부르던 정선아라리
메기고 받는 그 구슬픈 소리는
누렁이의 그렁그렁한 눈망울에 젖는다

의지하며 간다 물길 천리

워낭 소리 의지하며 누렁이는 걷고

누렁이 의지하며 아비는 걸어간다

강은 大地의 혈관

한 줄기 물도 마다 않는다

산굽이 물굽이 돌아 나온 동강은

영월 합수머리에서 서강을 만나

새로운 이름을 얻으니 남한강이다

도담삼봉의 물길은 비단결 같고

물살은 순하여 사납지 않아

물빛 맑고 산빛 고와라

단양 제천을 지나온 남한강 물줄기

충주댐에서 한번 우렁차게 소리 지르다

가쁜 숨을 허옇게 내쉬고 있다

남한강이 휘감아 도는 탄금대

탄금 소리 탄식 소리에

강물은 푸르다 못해 쪽빛이다

다리쉼한 아비와 누렁이
노란 꽃다지 핀 강변을 걷다 보면
저어기 뱃길이 열리는 여주 조포나루
여인의 옷고름에 물빛 이별이 묻어난다
뒤돌아보지 마라, 그런다고
강은 흐름을 멈추지 않는다
흔들리면서 강은 깊어지고
흔들리면서 사람은 강해진다
한갓 미물도 업신여기지 않고
밤하늘 떠돌이별도 품고서
그대 눈물의 목록도 챙겨서
강은 흘러간다

묵묵히 따라간다 물길 천리
강물 따라 누렁이는 느릿느릿 걷고
고삐를 소등에 걸쳐놓은 아비는
누렁이 따라 터벅터벅 걸어간다
보름간 한뎃잠 자며 이끌고 온 남한강

그 장대한 천리 여정의 끝이 보이는가
새벽녘, 마침내 닿은 양평 두물머리
물안개 피어나는 강 나루터에
비로소 무거운 멍에를 벗어놓은 누렁이
더운 콧김 피우며 우물우물 여물을 씹고
아비는 누렁이 목덜미를 쓰다듬어준다
한 발 앞서 당도한 북한강 황소
누렁이의 암내 맡고
연방 콧바람을 씩씩 내뿜으며 날뛴다
그날 밤, 누렁이는 황소와 몸을 섞으니
얼씨구 좋구나, 지화자 좋다
오냐오냐, 이제는 한강으로 부를게
두물머리 사백 년 된 느티나무 밑에서
아비는 남한강의 낙관을 꾹 눌러 찍었다

땡볕의 두더지 게임

한낮 땡볕의 준동이 극심하다
그늘막에서 결의를 다진
七人의 戰士
제가끔 망치를 들고 분연히 일어섰다
전봇대만큼 올라간 신축 빌딩
전사들이 망치로 바닥의 틀을 다지면
땡볕의 두더지 게임이 시작된다
붉은 구슬눈, 율 브린너의 머리통
땡볕의 인상착의를 붙여놓고
전사들이 힘차게 뜨겁게 망치질한다
머리통을 정통으로 맞은 놈은
감탄사 내뱉으며 얼른 구멍 속으로 숨는다
눈빛 이글거리는 땡볕을 때려잡고자
안간힘 다해 내리쳐보지만
또다시 불쑥 튀어나오는 머리통
어쩌다 망치질이 빗나가면
헛바닥 날름거리며 우쭐대는 땡볕
온몸이 땀범벅에 숨이 턱턱 막힌다

레미콘 트럭이 도착했다
전사들의 얼굴에 화색이 돈다
그래, 레미콘의 화력은 천하무적이지
땡볕의 입을 막고, 땡볕의 눈을 뽑고
땡볕의 숨통을 끊으려고
아예 레미콘 도배를 해버린다
기승을 부리던 놈들은 완전 소탕되었고
반나절 땡볕의 포로가 된 우리는
건물 밖으로 천천히 풀려나왔으며
한여름 세상의 바닥은 그렇게 태어났다

불빛의 배후가 수상하다

떠난다 떠나간다
새벽의 窓을 열고 불빛은 떠나간다
새벽 찬바람에 어둠의 결이 엷어지고
현란한 네온 불빛의 물결도 잦아진다
밤내 말씀을 수신하느라 수고한
교회당 십자가 불빛은 방금 떠났고
가로등 불빛은 도로에 깔린 어둠을 거둬서
재빨리 노선버스를 뒤따라간다
강물에 세워진 전봇대의 불빛기둥은 떠났지만
저 아래뜸 전봇대 외등의 불빛은
골목에 웅크린 비루한 어둠을 챙기느라
느리게, 조금 느리게 돌아갈 것이다
빨주노초파남보 삶의 등댓불
남산타워 불빛은 조금 전에 떠나갔다
밤낮없이 삶의 수레바퀴 북적대는
동대문 새벽시장 불빛의 문도 닫히고 있다
다만 병원 응급실과 신호등 불빛은
오늘도 함께 떠날 수 없구나

불빛의 배후가 수상하다

지상의 별로 빛난 백만 개의 촛불과 휴대폰 불빛

자정이 지나 모두 광화문광장을 빠져나갔다

모처럼 머리를 맞댄 국회의사당의 불빛과

무거운 밤길의 추위와 허기를 달래주던

영등포 포장마차의 불빛도

지금 돌아간다

첫새벽 늙은 어미가 두 손 모았던

정갈한 촛불도 곧 사위어질 것이다

새벽열차는 서울의 불빛을 싣고

한강철교를 느릿느릿 건너가고 있다

밤새 두 눈 부릅뜨고 맞섰던

당신의 불빛은, 지금

떠나간다

하지만 어둠의 발소리 나면

어김없이 약속 장소로 돌아올 것이다

서툰 시위

광화문 충무공 동상 앞에서
네팔 남성이 나 홀로 피켓 들고 서 있다
표정 없는 얼굴에 암팡진 체구
히말라야 셰르파를 닮았다

〈이주노동자 인권침해, 부당해고 철회〉

사람들은 뱀눈으로 훔쳐보거나
고개를 갸웃거리며 지나갔다
글쎄, 과연 물음표 지우고
느낌표 찍을지 알 수 없으나
실어증 걸린 사람처럼 말없음표만
묵묵히 뒤따른다

부당하다, 억울하다
곡절 없는 삶이 어디 있으랴만
다들 요란한 형용사로 포장하거나
붉은 머리띠 질끈 동여매고

주먹 치켜들고 구호를 외치지만
그는 오로지 기척만 낼 뿐이다

한걸음 더 가까이 다가서니
서툰 한국말로 손짓 몸짓해 보여주는
옆구리 시퍼런 멍 자국
그렁그렁한 눈망울에
눈부처가 섰다 사라지고
히말라야 만년설이 녹아내린다

광화문 하늘을 선회하던 비둘기
충무공 동상 어깨에 앉아
광화문 글판 구절을 나직이 읊조린다
'있잖아, 힘들다고 한숨짓지 마
햇살과 바람은 한쪽 편만 들지 않아'

갑자기 여우비가 쏟아지고
길 가던 남자가 그에게 우산을 받쳐준다

시시포스의 엘리베이터

나는 날마다 바닥에서 산정山頂까지
세상의 온갖 바위를 싣고 운행합니다
당신 부름에 곧바로 응답할 정도로
언제 어디든 어김없이 잘 따르지요

오늘도 새벽이슬 맞으며 집 나섰나요
바위를 밀어 올리다 보면 남들처럼
불안에 시달리지는 않을 거예요
부디 그 바위에 발등 찍히지 않길 빌게요

어서 타세요, 올라갑니다
더 들어가요, 같이 좀 타요
금세 온갖 바위들이 빼곡히 들어차지요
정원초과한 분은 다음 기회를 이용하세요

진종일 상승과 하강을 반복하다 보면
제 주인을 찾으려는 날것의 욕망들이
문에 따개비처럼 들러붙어 내리질 않아요

괄약근을 수시로 조였다 풀어도 소용없어요

어서 타세요, 내려갑니다
낯빛을 보니 오늘 산정에 오르지 못했군요
내일은 고만고만한 바위를 안고 타세요
어차피 굴러 떨어질 바위 아닌가요

알바트로스

가장 높이 멀리 오래 나는 바닷새
신천옹(信天翁)이라 불리는
알바트로스

어느 날 지상에 불시착했다
하늘에선 위풍당당하지만
땅에선 야유와 조소를 받는 바보새
상한 날개도 날 수 있는가
힘찬 부활의 날갯짓을 펴려고
알바트로스는 통점을 보듬고 견뎌냈다

어느 대학에 불시착한 알바트로스
남다른 비행 전략을 세워
청춘의 날갯짓으로 비상을 꿈꾼다

알바트로스는 골퍼들의 꿈
겨드랑이에 돋는 날개를 퍼덕이며
날마다 비거리와 정확성을 높여간다

어느 창업시장에 불시착한 알바트로스
겨드랑이에 날개가 잘 돋지 않는지
첫 비행의 날갯짓이 녹록지 않아 보인다

오랜 기다림의 끝이 왔는가
갑자기 폭풍이 불어닥친다
삶의 벼랑 끝에 서기가 두려운지
다들 바위틈에 숨거나 몸을 피하지만
알바트로스는 결코 바람을 등지지 않는다
당당히 거센 맞바람을 껴안고
거대한 양 날개를 활짝 펴고 활공하다
순식간에 하늘 높이 치솟아 오른다

위대한 바보새 알바트로스
남다른 비행술로 지상의 빗장을 풀고
구만리장천을 날아간다

日出 2

어둑새벽
검푸른 어둠의 이끼를 걷어내고
첫 딸을 출산하자
아버지는 울밑에 벽오동을 심었다

첫 딸이라고 서럽게 울었던 어머니
심지가 올곧은 푸르디푸른 벽오동에
봉황이 둥지 틀기를 빌었으나
당신 생전에 봉황은 날아오지 않았다

어느 화창한 봄날
냇가에서 빨래하던 열다섯 단발머리 소녀
홑겹 치마저고리에 맨발로
凍土의 나라로 끌려갔다고, 그랬다고

어느덧 미수米壽 맞은 첫딸 할머니
입을 앙다물고 두 주먹 꼬옥 쥔
단발머리 소녀*의 맨발을 어루만지다가

흰 목도리를 벗어 고이 감싸준다

동틀 녘
어둠의 빗장이 열리다 도로 닫히고
구만리장천을 날아온 봉황은
끝끝내 벽오동에 깃들이지 못한다

* 일본대사관 앞에 세워진 위안부 할머니의 청동 소녀상.

한밤의 낙관

늦은 밤 가로등 밑 공중전화 부스
누가 남겼을까
전화기에 칠십 원의 낙전
꽃미소 같은,

한 통화 거저 생겼어
재수생 딸에게 전화를 건다
"아빠는 네 편이야, 끝까지 응원할게"
사랑한다는 말도 빼놓지 않았다

늘 그 자리 눈길 닿는 곳에 있지만
오늘은 보이지 않던 공중전화가 보였다
내 목소리를 잊지 않아서 고맙다
언젠가 사라질지 모르지만
여전히 널 의지하는 사람 있어 좋구나

예전에는 그랬다
빨간 공중전화기 앞에 줄서 기다렸어

딸깍, 동전 떨어지는 소리가
왜 그리 빠르고 크게 들리던지
동전 한 움큼 손에 쥐고 다이얼을 돌렸어
수화기를 연인의 어깨처럼 비벼대며
대학 합격소식을 들떠 외치기도 하고
수화기 너머 어미의 임종 소식도 들었다
요즘 공중전화 이용하면 무슨 일 난 줄 알지

야근을 끝내고 돌아가는 길
휴대전화 배터리 방전된 나 또한
삶의 바탕화면에 꽃미소 하나 남긴다
한밤에 찍는 하루의 낙관

빚 받아줍니다

세밑 차창 밖 풍경이 저물어가고
도심 육교에 나붙은 현수막에
내 눈길이 꽉 꽂힌다

〈빚 받아줍니다〉

곰곰 생각해보면
세상에 빚쟁이 아닌 사람 없어

당신은 달콤한 빚쟁이
빚지곤 못산다며 큰소리쳤건만
결국 빚으로 빚을 돌려 막으며
내일을 담보로 어제를 겨우 돌려받았다

당신은 거룩한 빚쟁이
못난 자식 빚보증 섰던 농사꾼 아비
그만 빚의 덫에 걸려 도리 없이
문전옥답 다섯 마지기 날려버렸다

평생 벗어나기 어려운 빚
달이 가고 해가 가고 당신이 가도
빚은 이곳에 남는다
"빚보증 서는 자식은 낳지도 말라"
아비 말씀 아직 내 귓가에 남아 있다

제야의 종소리 울리기 전
빚의 목록을 찬찬히 분리수거해보면
누구든 청산할 빚 있다
누가 대신 받아줄 수 없는 빚 있다
강물에 새겨야 할 빚
돌에 새겨야 할 빚

버스가 네거리 신호에 멈추고
운전기사의 날카로운 쇳소리가
잠시 생각에 잠긴 내 귀를 잡아 흔든다
"손님, 버스비 아직 안 냈잖아요!"

말씀을 말리다

하나님의 사자들인가
손놀림이 능숙한 일꾼들
믿음의 물때를 가만가만 벗겨낸다

교회당 마당에 집기들이 가득하다
목사님이 설교하던 강대상
하나님 앞에 부복기도하던 제단
교인들 엉덩이의 땟자국이 선명한 장의자
찬송가를 반주하던 피아노
모두모두 공손하게 봄볕을 쬐고 있다

겨우내 이끼 냄새 달라붙은 믿음에
영혼의 한기를 느끼는지
육신을 말리며 묵상한다

사나흘 뽀송뽀송하게 말리고 나면
다시금 말씀이 살아나겠다
거룩하게 불붙겠다

명성에 대하여

하늘 높이 치솟은 성채
감히 범접하지 못할 아우라
시퍼렇게 날 세운 당신 자존심은
천상천하 유아독존이었네

그때는 그렇게 믿었지
사슴의 눈, 매의 눈을 가진 자
모두가 당신 앞모습을 우러러보았네

천지개벽인가
어느 날 성채가 한순간에 허물어지고
콘크리트 더미 속의 휘어진 검은 철골
그것은 독선의 성채에 세워진
당신 자존심의 척추였네

자존심이 부러지면
명성은 형체도 없이 사라진다는 걸
폭삭 주저앉은 당신 뒷모습을 보고 깨달았네

마포대교

양쯔강에 장강대교가 있다면
한강엔 마포대교가 있다

날마다 저 삶의 강을 건너간다
하지만 어느 영혼의 삶의 갈피에 도사린
꽉 닫힌 절망과 슬픔이 어젯밤
자유를 찾아 떠나갔다

세상의 통점을 보듬는다 큰소리쳤던
나의 詩, 어느 영혼의 물길커녕
마음 한 자락 잡지 못했다

그곳에 가면, 저문 강에 먼 가슴을 빨며
애창곡 한 소절 나직이 부르는
늙은 어미가 있다

강철아, 아이고 내 새끼!
밥은 먹었니?

제3부

가지치기

이른 봄 뒷산 등성이
복사꽃 움이 갸륵하게 돋아난다
직장에서 가지치기 당했던
귀농 삼 년 차의 남자
이발하듯 다듬지만 가지치기는
여전히 서툴기만 하다
봄이면 연분홍 무릉도원을 꿈꾸지만
작년엔 갖다버린 게 더 많았다
한참 돌보지 않았는지
허공에 숨어버린 검은 가지는
산발한 여인의 머리채
오늘은 야구모자 쓰고 미련 없이 쳐낸다

고즈넉한 밤
고샅길 마음밭 복숭아나무 있어
남자는 전지가위 놓지 않는다
도시생활에 익숙한 아내의 반대에 부딪혀
한동안 마음의 갈피를 잡지 못했다

흔들리는 마음에 단단히 못질하고
웃자란 욕심의 곁가지
앙살 피우는 핑계의 잔가지
단박에 쳐낸다 기꺼운 마음으로
자리에 누워 불을 끄니
뒷산 소쩍새 소쩍소쩍 운다
올 여름, 한입 베어 물면 과즙이 뚝뚝 흐를
속살 뽀얀 천중도가
태풍의 눈을 피해 찾아오겠다

개기식

병원 마당가 쉼터엔 오래된 느티나무
담장 너머에는 교회가 있다

병원과 교회의 배경이던 느티나무
몇 해 전에 상반신 대수술을 받았지만
三冬을 이 악다물고 견뎌냈지
지금은 부챗살 수형이 융융하기 그지없다

그런데 교회가 새로 들어서자
갈 봄 여름 없이*
개기식이 일어난다

병실에서 쳐다보면
교회는 자취를 감추고
십자가만 느티나무 우듬지에 얹혀 있다

삭월朔月의 밤이면 지성소에 촛불을 켜듯
느티나무는 자신의 십자가에 불을 켠다

아침 까치가 십자가에 앉아 우짖는다
까치占이 자주 틀려 회개하는지, 아니면
행방이 궁금한 내 봄소식을 움켜쥔 거겠다

* 김소월의 「산유화」에서 따옴.

나의 그림자

지금부터
너를 벗이라 부르겠다

애초에 운명처럼 찾아왔다
스스로 먼저 운신하는 걸 단념하고
내 몸짓을 그대로 따라한다
그림자는 변검술사
언제 어디서나 입안에 말을 감추고
수시로 얼굴을 바꾸지만
어두운 무채색이다
때로 자취를 감추었다 불쑥 나타나
나를 깜짝 놀라게 한다
하도 귀찮아서 멀리 내다버려도
어느새 돌아와 날 반겼다
우리는 운명공동체
내가 없으면 네가 없고
네가 없으면 내 또한 없는 것이다

단 한 번도 등 돌린 적 없다
나보다 더 나를 믿으며 사랑하며
낯선 땅 낯선 길이라도
한 치의 망설임도 없이 따라나선다
길바닥에 한참 눕혀 놓아도
사람들 발에 마구 짓밟혀도 넌
아무 내색 없이 툭툭 털고 일어났다
때때로 세상살이 허방 짚고 낙담하면
너만이 내 손을 끝까지 놓지 않았다
내 님을 저 멀리 떠나보냈을 때도
너만이 내 슬픔의 어깨 감싸주면서
손바닥의 눈물이 마를 때까지
오후 네 시 반의 긴 그림자 흔들렸다

세상 누구보다 심지가 굳다
서로 앞서거니 뒤서거니 하면서
볕뉘에 두 손을 쥐며 이끌고 온 길
한번 날거나 굶어본 적 없어도

더러 길 위에서 길을 잃어도
네가 있어 세상살이 버틸 수 있었다
벗이여, 저기 꽃향기 익는 마을에서
벗어날 수 없는 길도 잠시 부리고
어깨에 쌓인 황사도 툭툭 털고
우리 百花酒 한 잔 하고 가세
우리 목소리 닿지 않는 머나먼 나라의
그리운 이름도 불러보면서

나의 버킷리스트

그날 그때가 오면,
평생 채식하던 나의 투명한 육신은
어느 甲의 눈으로 다시금 눈뜨겠어요
어느 甲의 심장으로 다시금 뛰겠어요
세상의 눈물을 외면하지 않고 닦아주겠지요
세상의 허물을 탓하지 않고 감싸주겠지요

그날 그때가 오면,
평생 채식하던 나의 투명한 육신은
어느 乙의 간으로 다시금 태어나겠어요
어느 乙의 콩팥으로 다시금 살아나겠어요
세상의 독을 마다않고 걸러주겠지요
세상의 노폐물을 마다않고 내보내겠지요

그날 그때가 오면,
설령 생각보다 빨리 온다 해도
어김없이 지체 없이
난 그렇게 해주겠어요

나의 연기는 낙관이 없다

당신은 전쟁을 하지만
나는 전투를 한다

난 당신의 톱니바퀴
지난번은 방청객 박수부대였는데
이번엔 전쟁 드라마 엑스트라
귀가 솔깃했다

첫 전투의 불안과 두려움 때문에
다리가 후들거리고 바지에 찔끔
오줌을 지리기도 했지
어제는 적군과 백병전을 벌였으나
우리는 끝내 고지를 점령하지 못했다

오늘 전투에서 난 죽는다
아무도 주목하지 않는 사이에
불가촉천민不可觸賤民으로 아무개와 함께
대사는커녕 이름 없이

한숨과 고통을 껴안고 꼬꾸라진다

비록 하찮은 역이지만
주인공 같은 표정과 몸짓 보였으나
노상 편집 당하는 나의 연기
낙관도 없이 죽는다

당신은 노상 전쟁을 하며 성城을 쌓고
나는 매번 전투를 하며 길을 낸다

냉장고의 기척

목이 마른 한밤
냉장고에서 물을 꺼내 마시고
잠깐 밤의 소리를 듣는다
들리지 않던 소리난다

정숙한 발소리
그건 냉장고의 기척이다
우리 식솔의 입맛을 신선하게
신선하게 품는 소리

냉장고를 부둥켜안아보니
앞문은 차지만 옆면은 따뜻하다
얼마나 냉정과 열정을 갖고
식솔의 입맛을 건사하는지 알겠다

이 밤 가고 아침이 오면
난 식구들의 온기를 장만하느라
넌 식구들의 비위를 맞추느라

분주한 하루가 될 것이다
우린 서로 방법은 같지 않지만
그 마음은 다르지 않다

냉장고의 기척은 소음이 아니다
가슴에 품은 냉기를 뺏기지 않으려
한밤에도 애쓰는 마음
마음의 소리

사마귀

어젯밤에도 공습경보 울리며 나를 찾아왔다. 뱃속에 든 알을 키우려면 몇 그램의 생피가 필요하다며 빚쟁이처럼 달려들었어. 밤새 실랑이벌이다 결국 그 요구를 들어주기로 했다. 굳이 내 피를 원한다면 마음씨 좋게 뽑아가길 바랐다. 그런데 심술궂은 간호사처럼 넌 아픔과 가려움을 남겼지. 오늘 아침 내 피를 포식하고 바람벽에 앉은 네 모습을 보았다. 간밤에 날 괴롭힌 소행을 생각하면 피가 낭자하게 그만 콱 때려죽이고 싶었건만, 나와 하룻밤 동행한 인연을 생각하고 그만 놓아주었다. 역시 뾰족한 것은 자국을 남기더구나. 이를 말인가. 팔에 난 이빨 자국은 한참 머물다 떠났다. 그래도 넌 좋은 점이 없지 않았어. 선전포고 없이 공격하는 비열한 그놈들과 분명 달랐다.

가슴에 묻어둔 어떤 아픔이 문득 고개를 든다. 내 나이 마흔다섯에 겪은 그날의 기억은 두 번 다시 떠올리기 싫지만 세월이 가도 떨쳐버릴 수가 없다. 망각은 '신의 선물'이라지만 내 머릿속 지우개는 그저 팔짱만 끼고 있다. 보이지 않는 적은 등 뒤에 있더구나. 믿었던 친구나 동료의 배신을 겪어본 자는 안다. 믿음이 클수록 그 아픔도 크더구나. 내 등에 생긴 이 배신의 칼자국은 온몸에 증오의 열꽃이 피어나게 만들었어. 말이 쉽지 날 등쳐먹은 배신자를 용서하기가 쉽지 않아. 그동안 상처가 덧나기도 했지만 아픔이 아픔을 이기고, 상처가 상처를 아물게 하였다. 그 배신의 이빨 자국은 결국 땡볕에도 녹지 않는 검은 사마귀가 되었지. 내 몸에 남아 있는 숱한 애증의 사마귀는 그렇게 생겨난 것이다.

청둥호박의 뚝심

빌라 옥상에 청둥호박이 자란다
매일 한 뼘 자라고 두 뼘 커가는
푸른 숨소리가 귓가에 들린다
순지르기할 때 아들 둘만 남겼더니
넝쿨이 기세등등하게 뻗어간다
벽 타고 오르거나 난간 따라 뻗지 않고
허공의 미로를 헤매던 넝쿨손이
갑자기 벽타고 하강한다
미궁 속으로 뻗어가는 자식처럼
익숙한 길보다 낯선 길 가려는
넝쿨의 외고집이라
웬만해서는 아무도 못말린다

넝쿨은 뚝심이다
남다른 팔 근력은 집안 내력이라
웃거름을 주며 더욱 힘을 키웠다
처음엔 노란 호박꽃 진 자리에
야구공만 한 호박이 달렸는데

한여름엔 둥글납작한 맷돌호박이
외줄 오르기로 조심조심 벽을 타기도
초가을이 되자 마누라 엉덩짝만 한
누런 호박이 넝쿨에 매달려서
애타게 구조를 기다는 모습이다
넝쿨이 청둥호박의 손목을 꽉 움켜쥐고
가쁜 숨을 몰아쉬며 버텨보지만
금세 호박이 땅에 떨어질 듯
아슬아슬 조마조마하다
그래, 세상살이 뚝심이야
넝쿨의 뚝심을 믿고
나는 좀 더 지켜보기로 했다

신사임당 어르신

세상에 어르신은 넘쳐납니다
정작 존경받는 이는 그리 흔치 않아요
광화문광장에 좌정한 세종대왕과 충무공은
온 국민의 추앙을 받습니다
한데 강릉 오죽헌에 계신 신사임당은
세종대왕과 충무공보다 훨씬 더 힘세고,
아들 율곡보다 열 배 더 값나간답니다
하여 다들 사임당을 찾고 흠모하나 봐요
일찍이 당신은 말씀하셨지요
동전 한 닢에도 돈의 神이 깃들어 있다고
난 그 말뜻을 가슴 아닌 머리에만 새겼지요
하루는 세종을 바지주머니에 찔러 넣고
율곡을 뒷주머니에 구겨 넣는가 하면,
세탁한 작업복에서 꼬깃꼬깃한 차림의
퇴계가 연신 마른기침하며 나오기도
충무공은 성가신 백동전 소리만 내고요
사임당은 집 나간 지 달포나 지났네요
불경스러운 내 소행을 괘씸하게 여겨

어르신들이 아예 찾지 않나 봅니다
요즘 지갑에 찬바람 부는 것도 그 탓이겠죠
어르신이 안 계시면 이리 허허로운 것
앞으로 어르신을 깍듯이 대하리라 다짐하고
이태리 명품은 아니지만 새 지갑도 장만했어요
오늘은 큰 맘 먹고 사임당을 모셨답니다
어디 수산시장에 다녀왔는지 옥색 한복은
생선 비린내 배었고 상처투성이네요
정성껏 손질해 두 손 공손히 받들고
새 지갑 속에 넣었습니다
요즘은 사임당 한 분만 계시더라도
하루 이틀 사흘이 든든하답니다
다시 꺼내 앞뒤로 쓰다듬어 보다가
내친김에 율곡도 함께 모셨어요
두 모자 상봉은 처음이라
오랜만에 내 지갑에도 훈풍이 붑니다

앞니를 떠나보내며

모니터에 뜬 흑백 파노라마 사진
나를 노려본다
아가리 벌리고 금방이라도
덤벼들 듯하다
스물여덟 개의 허연 이빨이
뜯어 먹을 듯, 씹어 삼킬 듯
으르렁거린다

어찌 날마다 물어뜯은 고기뿐이랴
어찌 날마다 씹어 먹은 맨밥뿐이랴

예순을 넘긴 나이에도
맨날 사랑타령 하던 사랑니와 헤어지고,
오늘 11번 앞니와 작별한다
너는 남달리 식탐이 많았지
아가리 미어지게 물어뜯고 자르느라
밤새 이갈이에 시달리곤 했어
항상 소소한 일은 침묵하지만

큰일은 앞장서 도맡아 처리했지

언제였던가
그가 강속구로 던진 말의 비수가
내 가슴팍에 깊숙이 꽂혀
핏빛 살조각이 사방으로 흩어졌지
난 그 말의 뼈다귀를 앞니로 물어뜯으며
울분을 삼킬 수밖에 없었어
한번은 꿈속이었다
평소 날 괴롭히던 직장 상사를
온 식구가 달려들어 막 물어뜯기도 했어
그때도 네가 가장 먼저 앞장섰었지

지금껏 어려운 고비를 넘기면서
서로 껴안고 살았지
가슴이 헛헛하지만 이젠 너를 떠나보낸다
나는 새로운 용병을 채용해서
또다시 물고 뜯으며 위로받을 것이다

발버둥에 대하여

살아 있다는 뜻이다
밥줄 놓을 수 없다는 뜻이다
아직 챙겨야 할 사람 있다는 뜻이다
기를 쓰고 발버둥치는 것은

사랑하고 싶다는 뜻이다
부를 노래 남았다는 뜻이다
아직 못다 이룬 꿈 있다는 뜻이다
목청껏 소리쳐 발버둥치는 것은

인정받고 싶다는 뜻이다
침묵하지 않겠다는 뜻이다
더는 숨지 않고 맞서겠다는 뜻이다
안간힘 다해 발버둥치는 것은

발버둥은 곡진한 삶에 대한 예의다
오늘도 시시포스의 바위를 밀어 올리며
치열하게 발버둥치는 것이다

독작

홀로 술을 마신다 얼마만인가
여태 당신을 위해 마시던 술
오늘 나를 위해 마신다 비록
월하독작月下獨酌 아니라 해도
역시 술은 혼자 마셔야 제맛
삶의 가속페달을 밟지 않아도
좋은 밤 울 밖으로 걸어 나와
저 빗장 풀린 슬픔의 방에서
종일 시달렸던 나를 위로하는
한 잔의 술을 마신다 무겁던
하루를 내려놓고 마음의 끈을
놓아버리고 울의 호랑이에게
큰소리치면서 오롯이 날 위해
마신다 당신의 손바닥 위에서
발버둥치는 나의 삶이 자꾸만
눈에 밟혀서 오늘밤은 혼자서
눈물처럼 홀짝홀짝 마셔가며
내 마음의 맷집을 더욱 키운다

耳順의 술독

어릴 적 안방 아랫목은
담요에 뒤덮인 술독 차지였다
누워 발 뻗으면 닿는 따듯한 술독
우리도 술독으로 익어갔다
밤중에 가만가만 귀 기울이면
뽀글뽀글 술이 괴는 소리
술독의 복화술을 듣는 게 좋았다
며칠 지나면 술 익은 냄새가
온 집안에 가득 차버려
우리는 술 냄새에 취하곤 했다

술독을 연다
술향이 코를 찌른다
지에밥이 둥둥 뜬 옹기에 용수를 박아 떠내면
독하지도 텁텁치도 않은 맑은 술
청주가 된다
이어 술덧을 고운체에 걸러내면
쌀뜨물 같은 텁텁한 술

탁주가 된다

정월 대보름날 아침
이명주耳明酒로 청주 한 잔을 마시면
귀가 순해져 지나친 아집을 버리고
작은 소리도 크게 듣는다고,
사시사철 시시때때 탁주는
세상의 허기와 목마름을 달래준다고

비빌 언덕 없어도 바른말 잘하는
차갑게 보여도 속정이 도타운
내 耳順의 술독은
누군가의 이명주가 탁주가 될 것인지
세상을 한 바퀴 휘돌아 나온
甲日의 첫새벽이다

마음길

한동안 몸 밖으로 쏘다녀서
마음길 외등의 불빛이 깜박깜박하다
그만 돌아서버린 줄 몰랐어요

끝없이 속삭이는 하이드의 귓속말
거부할 수 없는 미혹의 속삭임
차마 그 손을 뿌리칠 수 없었어요

마음 고쳐먹으려 찾은 開心寺
새벽녘 좌복에 반가부좌하면
만물을 깨우는 도량석 목탁 소리에
귀가 뜨이고 마음이 열리고

천리만리 머나먼 길이지만
내 영혼을 갉아먹던 악마의 귓속말
그 속삭임을 뿌리쳤던 청정한 마음길이
머잖아 내 마음의 일주문을 들어서겠지요

틈

틈은 평화의 공간
사람과 사람, 나와 너 사이
지나치게 촘촘하지 드물지 않은

틈은 마음의 쉼터
쉼 없이 발버둥치는 삶이어도
한발 물러나 나를 격려하고 칭찬하는

틈은 생명의 숨길
항아리 숨구멍으로 씨간장이 숨 쉬듯
무시로 들숨날숨 드나드는

틈은 소통의 창구
우리네 인생살이 금 긋고 벽을 쌓아도
사람 냄새가 물씬 풍겨나는

그런 틈을 나는 사랑한다

진원지

현역에서 은퇴하였더니
온몸에 지진이 발생하곤 한다
통증의 진원지도 예전 같지 않다
목 어깨 허리 무릎의 통증은
누구든 겪는 소문난 진원지
요즘은 자주 여진이 발생한다

삶이란 통증을 다스리는 일
고개 숙이고 허리를 굴신하며
삶을 조율하다 보니
웬만한 통증은 대수롭잖게 여기며
참고 살아왔다

통증의 진원지를 짚어본다
지난해 엉치뼈에 전이된 종양 때문에
한동안 우두망찰했으나
아침에 강도 10의 극심한 통증이 발생했다
인두로 지지는 불고문처럼

폐가 터질 듯한 물고문처럼
온몸 부들부들 떨며 불타는 듯한
통증을 호소하며 자지러졌다

나는 조율되지 않는 악기
오늘은 다른 환자 눈치 보지 않고
병실이 떠나갈 듯 80데시벨로
원 없이 마구마구 소리쳤다

옆집에는 얼굴 없는 목소리가 산다

한 집 두 집 저녁 등불이 켜지듯
이웃과 얼굴을 트고 싶어
이사 떡을 돌렸다

옆집은 인기척 났지만 응답이 없다
따끈한 시루떡을 문 앞에 놓았으나
결국 객귀客鬼 밥이 되었어
그믐달이 아파트 다동 위에 떠 있다

어느 날, 화재경보기가 오작동하는 바람에
옆집의 얼굴 없는 목소리도 유령처럼
문을 열고 나왔다

옆집의 목소리가 이사 갔다
누가 새로 이사 왔는지
따끈한 호박시루떡이 문 앞에 놓였고
둥근달이 아파트 가동 위에 떠 있다

제4부

갓바위 부처님

팔공산 갓바위 정상
일천삼백예순다섯 개의 돌계단 오르며
순례자의 발길이 밤낮없이
이어진다

피와 살을 나눈 자식이라고
해줄 수 있는 건 기도밖에 없다고
다들 백팔염주 세듯 한 걸음 두 걸음
마음을 실어 갓바위에
오른다

남녘 향해 학사모 쓴 듯 좌정하고
간절한 한 가지 소원은 꼭 들어주신다는
팔공산 갓바위 부처님
금방이라도 천금보다 무거운 미소
짓겠다

지구 저편 미얀마의 천년 황금 바위에

세 번 오르면 소원 성취된다며
순례자의 발길 끊이지 않는다지만
어찌 우리 모정母情과
비교하랴

그 옛날 어미가 백일기도했던 그곳
지금은 아내가 촛불 켜놓고 밤샘
기도한다

찬밥 한 덩이와 김치 한 보시기의 쥐코밥상
나의 저녁은 촛불처럼
웅숭깊어라

눈치病

아비는 그렇게 살았다
평생 남의 비위를 맞추는 눈치병에 걸려
나 아닌 남의 삶을 열심히 연기했다

바라건대 부디 너는
애초에 몹쓸 눈치병을 내려놓고
남 아닌 나의 삶을 연기했으면 좋겠다

인생은 선택이다
선택엔 책임과 대가가 따른단다
어떠한 삶의 선택이라도 널 응원하겠다

저녁상머리
나와 눈조차 맞추지 않던 대학생 아들
오늘은 아비가 끓인 대구찌개
한 그릇 뚝딱 비웠다

이젠 벌어진 틈이 좁혀질지 몰라

이젠 깊어진 골이 메워질지 몰라

거울을 본다
언제 무서리가 이리도 많이 내렸나
저녁 장보는 재미가 제법 쏠쏠하건만
그때마다 뭇시선이 따라붙어서
무서리 지우고픈 나의 마음

볕 좋은 날 아버지와 아들이
시간을 빗질한다 약을 찍어 바르며
세월의 더께를 한 겹 두 겹 걷어낸다

이젠 밴댕이 소갈머리 넓어질지 몰라
이젠 새우등 채신머리 펴질는지 몰라

덧정

마침내 이별하는 것인가
오래된 장롱에 붙은 폐기물신고필증
이는 덧정을 뗐다는
확인증

안방을 차지한 오랜 날들이 끝나고
아귀 맞지 않는 문짝 틈으로
갇힌 세월의 땀 냄새 살 냄새가 물큰 나는
느티나무 장롱
한때 빚에 시달려 빨간 딱지가
붙었지

코흘리개 적이었어
아버지가 급히 갖다 쓴 줄 모르고
장롱 속 비상금이 없어지자 어머니는
둘째 짓이라며 종아리 때렸고
난 장속에서 훌쩍이다 그만
잠들었지

이태 전 봄이었어
어머니 유품을 정리하다 장속에서 찾아낸
반 접힌 봉투 다섯 개
칠순의 어머니가 남긴 삼십칠만 원
둘째가 매달 드린 용돈을 모아놓았어
난 어머니의 새 초상화를 거실에
걸었지

세상을 낮은 포복으로 건너오면서
장롱 문짝에 기댔던 아픔들이 그 얼마던가
장롱에 켜켜이 쌓인 덧정
아내는 말없이 손으로 쓰다듬어 보다
그 질긴 덧정을 미련 없이
떼 낸다

연리지 連理枝

백발의 부부가 길을 간다
서로 손을 꼭 잡고 걸어간다
소문으로 듣던 그 노부부라
가던 길 멈추고 지켜본다

저 노부부는 틀림없는 엄지족
손만 잡고 다니는 게 아니라
사랑의 모스부호를 서로 주고받는다
손잡고 다니다 남편이 엄지로
아내 손등에 '꼭꼭꼭' 세 번 누르면
아내는 남편 손등에 '꼭꼭' 두 번 눌러준다
언젠가 남편이 병상에 누웠을 때
아내가 먼저 '꼭꼭꼭'을 보내면
가는귀가 먹은 남편은 '꼭꼭'으로 응답했다고
노부부는 누가 먼저랄 것 없이
엿들음의 염려 없이
맞춤법 걱정 없이
언제 어디서든 카톡을 드습게 주고받는다

유통기한이 삼 년이라는 사랑
비록 세월이 맵차게 헤살을 부려
육신이 닳고 닳았어도
노부부의 사랑법은 유통기한이 없다
도심의 연리지
서로 손을 꼬옥 잡고 걸어간다

병사의 쪽방

저기 좀 보게나
북망산자락 소쩍새 울고 벌개미취 핀
저 동네

죽음의 크기가 다른 것인가
고래 등 장군묘 아래뜸
오늘 새로 떼 입힌 쪽방은
병사의 영구 무상임대주택

"인식표를 꼭 차고 있어라!"
그 속뜻을 알 리 없었던 스무 살 병사
포탄이 아우성치던 양구 白石山 기슭에
여전히 철모 쓰고 군화 신고
삼십구 년간 웅크리고 있었네

세월의 시계에 새살 돋는가
긴 세월 가슴으로 살았던 늙은 아비는
아들이 전사한 자리의 흙을

입에 삼켰다
그날로 술마저 딱 끊어버렸다

저기 좀 보게나
집들이 손님들 다 돌아가고
묘비 앞에 놓인 늙은 아비의 편지
까치가 까착까착 소리 내 읽어보네

봄날은 간다

자정이 넘은 시각
누가 깨우는가 곤한 잠에 빠진
휴대폰이 요란하게 울렸다
서너 번 울리더니 다시 숙면을 취한다
시골집에 무슨 일 있는가
형님이 끝내 세상을 하직하는가
엊그제 문병 갔을 때 오늘내일 했는데
장지는 영천 만불사로 했다는데
첫차로 내려가야겠다

지난 봄날 논두렁 물꼬 앞에서 쓰러졌지. 소잔등처럼 정직한 농사꾼, 구제역에 자식 같은 이롭의 누렁이를 가슴에 파묻었고 일꾼 품삯도 안 나오는 배추밭 갈아엎기도 했다. 문드러진 손톱 발톱에 늘 두엄 냄새나던 농사꾼, 산소호흡기를 끼고 암 투병하면서도 단 한 번도 아프다는 말을 하지 않았다. 마디마디 옹이 박힌 형님의 손을 잡으면 옛 추억이 가슴속에서 걸어 나온다. 그때 그 시절, 부모님 여의고 사남매 맏이로 세상의 사막이란 사막은 다 건너왔다. 늘 동생들 갈증과 허기를 달래주었지. 봄이면 나물죽에 송기떡 해먹으며 보릿고개를 넘었고, 양푼에 보리밥 담아 고추장 나물 넣어 쓱쓱 비벼서 숟가락 부딪치며 먹었지. 언제나 형님은 배부르다며 먼저 숟가락 놓았지. 동생들은 쌀밥 같은 이팝꽃을 좋아했고, 형님은 원추리꽃 바라보며 슬픔을 달랬지. 장날 컬컬한 탁배기 걸친 형님은 '봄날은 간다'를 한 곡조 뽑으며 가슴으로 울었지. 긴긴 겨울밤, 눈바람에 문풍지 울어대도 아랫목은 도란도란 웃음소리 넘쳤다. 모진 세월, 그렇게 아끼고 따르며 나누었지. 돌아보면 어느새 아버지 같은 산이 되었다. 달포 전 "괜찮아, 난 괜찮아" 어눌한 말투로 내 손 잡아주던 형님, 배롱나무 꽃 붉은 이 여름날 매미소리 풀어놓고 정말 떠나가는가. 기어코 삼도천三途川을 건너가는가.

  새벽녘 휴대폰을 확인한다
  아니었구나, 시골집 전화가 아니었어
  쓴웃음으로 가슴을 쓸어내린다
  잘못 걸려온 전화가
  때로는 축복이다

비익조比翼鳥

십 년 만에 보았다
저물녘 남산 소월길을 홀로 걷는 그대
버스 차창 너머로 보았다
너무 반가워 해방촌 정류소에 내렸다
그 옛날 저녁노을이 아름다운 소월길을
그대와 함께 걸었지
그대의 별빛 사랑의 언어는 시방도
내 가슴속에 반짝반짝 빛나고 있지
내 안에서 나온 그대가
저녁놀 속으로 홀로 걸어가고 있다
가진 것 쌓은 것 없는 허릅숭이라고
나를 떠나고 싶었던 그대, 어느 날
새벽의 窓을 열고 홀연히 떠나갔지
듣자 하니 풍채 좋은 남자 따라갔으나
결혼 뒤 서로 헤어졌다는 소식에
눈시울이 붉어지기도 했지
저만치 걸어가는 암녹색 코트의 뒷모습에
마음 설레고 가슴 떨리지만

그대는 잠깐 멈춰 뒤돌아보더니
남산도서관 쪽으로 천천히 걷고 있다
그대 이름 부르며 달려가고 싶지만
독일문화원 앞에서 그만 걸음을 멈췄다
내 안의 그대는 지금도 시들지 않았으나
여태 비익조로 제대로 한번 날지 못하고
세상 밖을 떠도는 나의 비루한 삶을
그대는 냉랭하게 대하겠지
어긋난 사랑이라 여기겠지
아니야, 그게 아니야
내 삶의 모습을 아니 보이고 싶을 뿐이야
가까워질 수 없는 거리를 깨닫자
그대는 돌아오지 않고
저녁노을 속으로 멀리멀리 사라져간다

* 비익조 : 암컷과 수컷의 눈과 날개가 하나씩이라 짝을 이뤄야만 날 수가 있다는 상상의 새.

아카시나무의 자위

인간은 자리다툼이 치열할수록
긴장감을 해소하려고 밤꽃 냄새 풍기며
방어적인 자위自慰를 한다

숲속의 경쟁도 인간세상 못잖아서
그 어떤 나무도 인간 아닌 나무는 없어
허천난 듯 뻗어가던 아카시나무도
공격적인 자위를 한다

화창한 오월의 창가에서
뒷산 아카시나무의 자위를 지켜본 적 있다

아카시나무의 성감대를 감지했는가
봄바람이 별안간 천둥 번개 토하며
한바탕 휘몰이를 하자
아카시나무는 온몸 부르르 떨며 사정한다
그러고 나면, 소나기 한줄기 쏟아지고
뜨거운 열기를 식힌다

아카시나무의 하얀 정액은 짙은 향기 풍기며
보름간 꾸역꾸역 솟아오르고,
그 향기에 취한 일벌들은
하루치의 꿀 따려고 죽으라 날갯짓한다

세월의 소나기를 속절없이 맞은
나의 몸속에도
오래된 아카시나무와 일벌이 살고 있다

어미의 빨랫방망이

어미는 손빨래를 했다
평소 어미의 빨래 소리만 들려도
마음이 푸근해지곤 했는데
그날은 예전 같지 않았다
흰 머릿수건 두른 어미가
내 추레한 청바지를 주물러 빨다가
있는 힘껏 방망이를 내리쳤다
흠씬 두들겨 맞고 맞는 청바지
며칠 전 아비한테 엉덩이 맞은
멍 자국 가시지 않았건만
빨랫방망이 소리 커질 때마다
내 청춘의 엉덩이가 욱씬거렸다

이튿날 새벽
방망이 소리에 화들짝 놀라 잠이 깼다
지난밤 술꾼 아비와 다툰 어미가
북어를 빨랫방망이로 사정없이 패대며
당신 먼저 속을 풀고 있었던 거다

그땐 밥벌이도 못하는 밥도둑이었으나
한여름이라 칼싹두기 먹고 싶었다
어미는 밀가루 반죽을 마구 치대더니
밀방망이 대신 빨랫방망이로 얇게 밀었다
땀 뻘뻘 흘리며 먹는 칼싹두기
내 청춘의 뱃속을 뜨끈하게 위로해줬다
그날도 바지랑대 받쳐놓은 빨랫줄에
아들의 눅눅한 이불은 널렸건만
합격 소식은 나붙지 않았고
어미의 빨랫방망이는 길게 한숨만 내쉬었다

훗날 어미가 세상을 떠나자
빨랫방망이는 자취를 감추었다
누구도 그 방망이의 행방을 묻지 않았다

저녁 연주

늦가을 조촐한 골목길 무대
빌라 외벽에 달린 도시가스 계량기들은
제가끔 저녁 악보를 펼쳐놓고
다양한 레퍼토리를 연주한다

봉이네의 템포는 알레그로
전기밥솥이 칙칙 요란하게 기차 소리 내겠다
털보 아재 집은 프레스토
어디, 우렁각시가 푸짐한 저녁상을 보는가

그때 그 시절은 그랬다
어미가 아궁이에 부지깽이 연주를 시작하면
굴뚝 연기의 템포는 아다지오
가마솥에 밥 짓는 냄새는 모데라토
날 부르는 어미 목소리 드높아지면
골목 전봇대에 머리 박고 말타기하던 우리는
송사리 집 찾아가듯 흩어졌지
개밥바라기별 내려다보는 어미의 저녁상

어제는 무밥, 오늘은 갱죽 한 사발
꿈속에선 두 그릇을 먹어도 혼나지 않았다

어미 목소리 맴놀이 치는 골목길
학원 간 철수는 아직 돌아오지 않는데
고소한 피자 냄새는 비바체로 달려오고
길고양이는 냄새의 음계를 오르내리고
계량기의 연주는 안단테로 숨을 가다듬는다

종심從心의 사랑길

청산도 범바위 느린 우체통에
일 년 뒤 도착한다는 편지를 당신께 띄웠으니
옛사랑 길이 다시금 돌아오겠습니다

그동안 벌서듯 세상 밖으로 떠돌다
사랑방이 압류 당하고, 당신 기억이
외짝문 열고 나간 것을 까맣게 몰랐습니다

오늘 닫혔던 사랑문 활짝 열어젖히고
먼지 움켜쥔 등피 닦고 사랑전구 갈고
당신이 좋아하던 재스민 향초도 켜놓았습니다

사랑하는 이여, 날 알아보겠어요?
당신은 존엄한 존재
언제 어떤 모습으로 찾아와도
난 단박에 알아볼 수 있습니다

기억의 주름 골에 갇힌 옛사랑 길

천리만리 길은 멀고 험하지만
난 기필코 복원하겠습니다

잔뜩 껴입었던 속도의 겉옷을 벗고
당신과 함께 떠나는 시간여행
노란 유채꽃이 만발한 청산도 당리 언덕길
당신과 너울춤 추며 내려오면
녹슨 사랑의 실타래 한 올 두 올 풀리겠습니다

길눈 어두운 종심의 사랑길
저 외등 밑에서 황새목으로 기다리다
당신을 다시금 뜨겁게 부둥켜안겠습니다

헌 달력 함부로 갖다버리지 마라

누가 갖다버렸을까
길가에 구겨진 벽걸이 달력
여기저기 쳐진 빨간 동그라미
집안 대소사와 봉제사가 적혀 있다
보이네 찬찬히 들여다보니
겨울고개를 넘어가는 당신의 뒷모습
들리네 가만히 귀 기울이니
연옥煉獄을 넘나드는 당신의 발소리

사월 초하루는 큰딸 결혼식 날
더 많이 품고 사랑을 주지 못했다며
남몰래 눈물을 훔치지 않았는가
동짓달 초이레는 아버지 제삿날
아버지의 빈자리 크다며
술잔 올리고 큰절 두 번씩 하지 않았는가

그렇다, 그냥 달력이 아니다
헌 달력 함부로 갖다버리지 마라

말매미의 소야곡

땅속 칠 년이던가
남산에서 득음했다는 말매미

목청을 풀고 목울대 터져라
사랑타령 모질게 토해내는 소리꾼

한여름 서울의 밤이 자지러지게 뽑는
소야곡의 절창

죽도록 한 여자만 사랑한 적 있나요?
지금도 여전히 사랑하나요?

귀 막을수록 점점 옥타브를 높여가는
질펀한 사설辭說

한 번만이라도 저처럼 뜨겁게 소리하고픈
사랑꾼의 뚝심

立春 2

새봄이 당신 뒤란에 찾아오는 것은
겨우내 묵언수행한 은행나무 있음이다

새봄이 은행나무에 내려앉는 것은
겨우내 삭풍을 견뎌낸 까치집 있음이다

아침 까치 울면 반가운 손님 온다는 것은
여전히 까치점을 믿는 사람 있음이다

이 아침 까치의 표정이 밝아진 것은
방위와 일진을 보고 당신을 진맥했음이다

숨 가쁜 몸짓으로 소식 전하는 것은
아내의 의식이 돌아온다는 믿음 있음이다

김장호의 시세계

을乙의 삶과 소금의 참맛

배한봉

(시인)

　김장호 시인은 소금의 맛을 찾아가는 시인이다. 그에게 소금은 단순히 짠맛이 나는 흰 결정체인 염화나트륨만을 의미하는 것은 아니다. 2005년 『시사사』로 시단에 데뷔한 이후 『나는 乙이다』, 『전봇대』 등의 시집을 거치면서 그는 줄기차게 소금기 짙은 삶의 모습을 탐색해왔다. 그의 시에서 소금의 맛은 삶의 맛을 의미한다.

　기실 인간에게 소금은 생존상 없어서는 안 되는 것이다. 그러나 김장호 시인이 소금을 탐색해온 이유는 생리학적인 물질의 속성 자체에 머물러 있지 않다. 시집 서문격인 '시인의 말'에 "나는 乙의 시인이다/ 고통 없이 소금은 오지 않는다"고 고백하고 있듯이 을의 삶의 한가운데에 응결된 정신의 지표를 세우려는 의지라 할 것이다.

  이런 측면에서 살펴보면, 그의 시에 나타나는 소금은 '나'와 가족, 또는 이웃이 고통을 함께 나누는 삶의 공간에서 정제된 은유와 상징의 집합체이다. 우리가 이 세상을 살아가면서 온몸으로 깨닫는 삶의 지혜이기도 하고, 절망으로 가득 찬 고통의 길에서 쏟아낸 눈물의 짜디짠 도록圖錄이기도 하고, 어느 곳이든 없어서는 안 되는 중요한 가치이기도 하다. 그러므로 김장호 시인의 시에서 소금은 숙명적인 것이고, 인생 길잡이가 되는 정신적 상징으로 작동되기도 한다.

  먼저 그의 첫 시집『나는 乙이다』와 두 번째 시집『전봇대』를 간략하게나마 들여다보자. 이들 시집의 시에서 소금은 주로 눈물로 표상되어 나타난다. 그 눈물은 비극적 정조를 담고 있다.

> 뜨거운 적의를 내려놓았고
>
> 이제는 새우등이 몸에 배었지만
>
> 날 선택해줄 땐 고마워 **눈물**이 난다네
>
> 어둠의 갈피에 **눈물 자국** 숨기고 돌아가지만

―「나는 乙이다」(『나는 乙이다』, 강조 부분은 필자 표기, 이하

같음) 부분

사내의 시퍼런 절규가 하늘을

탕! 탕! 탕! 울리자,

날개를 꺾은 가을이

사내의 발 앞으로 **눈물을 떨군다**

―「서울을 떠나는 안중근―2004년 서울의 가을」(『나는

乙이다』) 부분

"뜨거운 적의"를 내려놓은 "새우등"의 '나'는 누군가의 선택을 기다리는 자이다. 선택은 생존과 직결된다. 선택 '받음/받지 못함'의 사이에 생존을 가늠하는 비극성이 있다. 이 비극성은 눈물의 정서를 요약적으로 보여주는 상징성을 가진다. 이러한 상징성은 「서울을 떠나는 안중근」에서도 마찬가지로 나타난다. 90년대 중반 IMF 사태 이후 국가 경제는 위기를 맞았고, 많은 사람이 직장을 본의 아니게 떠나야 했다. 그 가운데 어떤 이는 노숙자가 되었다. 조국을 잃은 안중근 의사는 이토 히로부미를 저격했고 김재규는 유신의 심장을 저격했지만, 노숙자가 된 "사내"는 "시퍼런 절규"로 "하늘을/ 탕! 탕! 탕!" 쏜다.

눈물이 웃음보다 위대함을

뼛속까지 울어본 사람만 안다

웃음이 죄다 걷어낼 수 없는 오래된 슬픔 있어

눈물은 자꾸만 바닥으로 흘러가는 것이다

　—「저문 강변 불빛기둥—전봇대 10」(『전봇대』) 부분

피사의 사탑처럼 한쪽 어깨 기울진 전봇대

한자리에 붙박여 칠흑의 세월 밝히느라

어디 성한 데 없겠지

통점을 보듬고 해금처럼 **울부짖고** 싶었겠지

순간이동이라도 하고팠겠지

　—「통점痛點—전봇대 29」(『전봇대』) 부분

　삶의 길 위에서 세계와 화해를 하지 못한 자는 뜨거운 고통의 눈물을 내면에 가득 채우고 있다. 그래서 시인은 "눈물이 웃음보다 위대함을/ 뼛속까지 울어본 사람만 안다"고 고백한다. 웃음이 걷어낼 수 없는 슬픔 때문에 눈물은 바닥을 적신다는 것이다. 뼛속까지 울음이 가득 찬 사람은 "한쪽 어깨 기울어진 전봇대"처럼 서서 "통점을 보듬고 해금처럼 울부짖"는 삶의 도정을 "순간이동"하듯 벗어나고 싶어 한다. 그러나 그 통점의 자리에서 쉽게 벗어날 수 없는 것이 우리의 삶 아닌가. 어떤 방식으로든 고난을 뚫고 삶을 한 걸음 한 걸음 걸어나가야만 하는, 짜디짠 소금 맛이 배인 숙명의 나날이다.

이러한 통점痛點 지대의 의미는 이번 시집에서도 그대로 이어진다.

    이번 주는 중국發 한랭전선이 통과하면서 바람의 글씨를 마구 갈겨댈 듯하다.

    이보시게, 주초는 출장지수 바닥이니 자리 잘 지키게나. 북서풍의 투레질이 심해서 체감온도는 더 낮을 거네. 당신의 주인장은 가지치기 전문가. 또다시 전지가위 만지작거릴지 모른다네. 핏발 선 칼바람에 무릎 꿇지 않는 사람 없지. 작년엔 기세등등하던 금강장사도 맥없이 나가떨어지지 않았나. 칼바람의 끝은 아직 가늠할 수 없다네. 일교차 크다고 너무 일희일비하지 말게나. 세상에 기압골의 영향을 받지 않는 삶이 어디 있나. 함부로 아플 수 없는 마흔 즈음, 설령 야근수당이 없더라도 일을 찾아가는 슈퍼맨의 면모를 보여줘야 하지 않나. 그래야 당신의 존재감을 알아줄 걸세.

    이보시게, 주중엔 안개지수 높으니 방어운전하게나. 안개등 켜고 차선을 잘 지키게나. 안개는 아나콘다. 도시에 아나콘다가 출몰하면 한 치 앞을 내다보기 어려워 불안감을 떨쳐버릴 수 없을 걸세. 누구든 아나콘다의 촉수를 벗어나기 쉽지 않다네. 혹여 그놈을 맨손으로 제압할 수 있다고 섣불리 오기 부리지 말게. 팔소매 걷어붙이고 대들면 그놈은 긴 혓바닥 날름거리며 당신을 동시다발로 옭아맬 걸세. 그 은밀하고 집요한 뚝심은 웬만해서는 당해낼 수 없거든. 그놈은 평소 온순해 보여도 먹잇감을 보면 사람뿐 아니라 빌딩도 한입에 삼켜버릴 정도로 공격적이지. 그니까 아나콘다가 또다시 출몰하면 내색 않고 맞아 주게나. 그놈은 여기저기 한번 쓱 둘러보고 슬그머니 물러갈 거네. 물론 당신의 시야도 차츰 맑아질 걸세.

이보시게, 주말은 나들이지수 낮으니 그냥 집에 머물게나. 기압골의 영향으로 비가 오락가락할 거라네. 모처럼 쌍둥이 남매 앞세우고 친정에 간 아내는 글피에 돌아온다지. 소파에서 한숨 자고 일어나 괜스레 외롭다며 애먼 짓 하지 말게. 아내가 당신 마음의 채널을 원격 조작할지 모른다네. 어떤가 손빨래는? 밥통에 밥이 없다고 투덜대지 말고, 혼자서 라면 끓여 먹고 거시기 하는 맛 그다지 나쁘지 않거든. 추레한 작업복을 숨차게 주물러 빨면 옷깃에 얼룩진 땀방울, 뒷주머니에 넣어둔 노라조의 슈퍼맨, 상의 주머니의 쌍둥이 웃음소리, 동굴 주머니에 숨어 살던 눈물, 죄다 삶의 고랑에 뚝뚝 쏟아질 걸세.

다음 주는 고기압의 가장자리에 들어 구름 사이로 햇살의 글씨를 잠깐 볼듯하다.

—「일기예보」 전문

「일기예보」는 경제 불황의 시대를 걸어가는 을들의 삶에 대한 이야기이다. 화자는 "기압골의 영향을 받지 않는 삶"은 없다면서 정리해고 위기에 놓인 불안하고 아슬아슬한 삶을 "북서풍"의 매서운 추위나 "안개", "비" 등에 비유하고 있다. 그리고 "주인장"이 정리해고의 "전지가위"를 만지작거릴 때는 "설령 야근수당이 없더라도 일을 찾아가는 슈퍼맨의 면모를 보여"줄 것을 당부한다. 그뿐 아니다. "아나콘다가 출몰하면" "오기 부리지 말"라거나 "비"가 내릴 때는 "애먼 짓"하지 말고 "혼자서 라면"이나 끓여 먹는 것이 좋다는 조언도 한다. 교훈적인 요소를 안고 있음에도 이 시는 경제 불황의 시대를 견뎌야 하는 직장인들의 불안한 현실의 통점과 대비책을 비유적으로 보여준다는 점에서 의미를 가진다.

그러나 경제 불황의 시대를 관통하는 "한랭전선" 앞에서 불안을 가지는 정도가 아니라 속수무책으로 나락에 떨어질 수밖에 없는 사람도 있다. 김장호 시인은 특히 '을 가운데서도 을'이라 할 수 있는 '이주노동자'를 향해 시선을 돌림으로써 더욱 현실감 있는 시적 확장을 보여준다.

> 광화문 충무공 동상 앞에서
> 네팔 남성이 나 홀로 피켓 들고 서 있다
> 표정 없는 얼굴에 암팡진 체구
> 히말라야 셰르파를 닮았다

〈이주노동자 인권침해, 부당해고 철회〉

사람들은 뱀눈으로 훔쳐보거나
고개를 갸웃거리며 지나갔다
글쎄, 과연 물음표 지우고
느낌표 찍을지 알 수 없으나
실어증 걸린 사람처럼 말없음표만
묵묵히 뒤따른다

부당하다, 억울하다
곡절 없는 삶이 어디 있으랴만
다들 요란한 형용사로 포장하거나
붉은 머리띠 질끈 동여매고
주먹 치켜들고 구호를 외치지만
그는 오로지 기척만 낼 뿐이다

한걸음 더 가까이 다가서니
서툰 한국말로 손짓 몸짓해 보여주는
옆구리 시퍼런 멍 자국
그렁그렁한 눈망울에
눈부처가 섰다 사라지고

히말라야 만년설이 녹아내린다

광화문 하늘을 선회하던 비둘기
충무공 동상 어깨에 앉아
광화문 글판 구절을 나직이 읊조린다
'있잖아, 힘들다고 한숨짓지 마
햇살과 바람은 한쪽 편만 들지 않아'

갑자기 여우비가 쏟아지고
길 가던 남자가 그에게 우산을 받쳐준다

―「서툰 시위」, 전문

　「서툰 시위」는 이주노동자의 1인 시위를 형상화하고 있다. 이주노동자는 다른 나라에서 국경을 넘어 일하러 온 노동자를 지칭한다. 이주노동자인 네팔 남성은 "표정 없는 얼굴"로 광화문에서 홀로 피켓을 들고 서 있다. 언어 소통도 원활하지 못하고, "인권침해"나 "부당해고"와 같은 억울한 일을 당해도 대항은커녕 도와달라고 할 마땅한 곳도 없어 "손짓 몸짓"으로 "옆구리 시퍼런 멍 자국"을 보여주며 호소한다. 대부분의 행인들은 그 남성이 이주노동자라는 이유 하나로 "뱀눈으로 훔쳐보거나/ 고개를 갸웃거리며 지나"간다. 그러나 시인은 그의 "그렁그렁한 눈망울"에 주목한다. "눈부처가 섰다 사라지고/ 히말라야 만년설이 녹아내"리는 눈망울에서 시인이 발견하는 것은 선량함이다. 견마처럼 노역에 시달리다 부당한 일을 당했지만, 독기가 아니라 선량함을 간직하고 있기 때문에 그 "그렁그렁한 눈망울"에서 터져 나오는 비극성은 배가倍加된다.

  이런 일은, 이주노동자들이 우리의 새로운 이웃이라는 것을 미처 받아들이지 못한 불찰에서 비롯된다. 이주노동자 문제는 우리에게 낯선 일만도 아니다. 60~70년대에 돈을 벌기 위해 우리나라의 광부들이나 간호사들이 서독으로 간 적도 있다. 조금 더 잘 살기 위해 일자리를 찾아온 이주노동자들이 우리말이 서툴고 피부색이 다르다고 해서 차별받을 이유는 없다. 이런 까닭으로 이 시가 마지막 연에서 보여주는 휴머니티는 인간성 회복이라는 명제를 떠올리게 한다. 갑자기 쏟아지는 "여우비"를 맞으며 "이주노동자 인권침해, 부당해고 철회"라 쓰인 피켓을 들고 홀로 서 있는 그에게 "우산을 받쳐"주는 시민의 행동이 그의 고통을 보상해주지는 못하겠지만, 조금의 위로는 되었을 것이다.

  그렇다고는 해도 "그렁그렁한 눈망울"에 금방이라도 쏟아질 듯 가득 고인 그 눈물의 짠맛을 우리가 다 이해한다고 말하기는 쉽지 않다. 그만큼 김장호 시인의 시에 나타나는 눈물 속 소금의 농도는 짙다. 선택을 기다리는 새우등의 나, 노숙자가 된 사내, 1인 시위를 하고 있는 이주노동자 등등, 김장호 시인의 시집에 등장하는, 삶의 고난 한가운데 서 있는 주인공들이 흘리는 눈물은, 온몸이 짜내는 쓰리고 따갑고 짠 삶의 소금인 동시에 그 소금의 맛을 보여주는 상징적 언표로 작동한다.

살아 있다는 뜻이다
밥줄 놓을 수 없다는 뜻이다
아직 챙겨야 할 사람 있다는 뜻이다
기를 쓰고 발버둥치는 것은

사랑하고 싶다는 뜻이다
부를 노래 남았다는 뜻이다
아직 못다 이룬 꿈 있다는 뜻이다
목청껏 소리쳐 발버둥치는 것은

인정받고 싶다는 뜻이다
침묵하지 않겠다는 뜻이다
더는 숨지 않고 맞서겠다는 뜻이다
안간힘 다해 발버둥치는 것은

발버둥은 곡진한 삶에 대한 예의다
오늘도 시시포스의 바위를 밀어 올리며
치열하게 발버둥치는 것이다

―「발버둥에 대하여」 전문

　무엇인가를 이루기 위해, 또는 견딜 수 없이 고통스런 순간에 우리는 발버둥치게 된다. 그러므로 발버둥은 최후의 수단이고, 최고의 정점에서 자신의 의지와 상관없이 움직이게 되는 몸의 언어다. 이러한 "발버둥"을 시인은 "살아 있다는 뜻"이고 "못다 이룬 꿈 있다는 뜻"이라 여긴다. 그것은 곧 "부를 노래 남"아 있고, "사랑하고 싶다는 뜻"을 담고 있다. 발버둥은 곧 생존이고 존재 의미인 것이다. 이처럼 을들의 삶은 끊임없는 노역의 운명을 발버둥치며 짐 지고 있다. 밀어 올려도 자꾸만 아래로 굴러 떨어지는 커다란 바위를 쉼 없이 산꼭대기로 밀어 올려야 하는 형벌을 짊어진 "시시포스"와 다를 바 없는 운명에 놓여 있다. 그렇지만 잠시도 삶의 전진을 멈출 수 없다. 아니 멈추어서는 안 되는 것이 삶의 길이다. 그래서 을들은 오늘도 "치열하게 발버둥치는 것이다". "안간힘 다해 발버둥치"며, "침묵하지 않"고 "더는 숨지 않고 맞서겠다는" 의지를 내보이고 있다.

　비극적 숙명과 맞닥뜨리며 삶의 길을 걸어온 시인은 이제 새로운 자신과 만나기 위해 침잠한다. 자기 침잠의 세계는 아득하고 무겁다. 타자 중심의 세계에서 벗어나 주체적 세계와 조우하는 시간이기 때문에 외롭고 쓸쓸하고 깊다. 시를 보자.

홀로 술을 마신다 얼마만인가
여태 당신을 위해 마시던 술
오늘 나를 위해 마신다 비록
월하독작月下獨酌 아니라 해도
역시 술은 혼자 마셔야 제맛
삶의 가속페달을 밟지 않아도
좋은 밤 울 밖으로 걸어 나와
저 빗장 풀린 슬픔의 방에서
종일 시달렸던 나를 위로하는
한 잔의 술을 마신다 무겁던
하루를 내려놓고 마음의 끈을
놓아버리고 울의 호랑이에게
큰소리치면서 오롯이 날 위해
마신다 당신의 손바닥 위에서
발버둥치는 나의 삶이 자꾸만
눈에 밟혀서 오늘밤은 혼자서
눈물처럼 홀짝홀짝 마셔가며
내 마음의 맷집을 더욱 키운다

—「독작」전문

회한과 자책, 그리고 다소의 감상성이 배합된 이 시에서 시인은 독백적 진술을 통해 자기 긍정의 주체로 진입한다. 자기를 긍정함으로써 구성되는 주체의 확립은 시인이 지닌 과거의 트라우마적 사건을 소환하여 무대화한다. "당신의 손바닥 위에서/ 발버둥치는 나의 삶"은 수많은 정신적 외상을 내포한다. 시인의 독백적 진술에 따르면, "삶의 가속페달을 밟"으며 쉬지 않고 달려왔던 '나'는 여태 '당신'을 위해 술을 마셨지만 오늘은 나를 위해 술을 마시는 존재다. "슬픔의 방"에서 종일 시달렸던 나를 위로하고, "울의 호랑이"로 은유된 '당신'에게 "큰소리치면서" 해방의 카타르시스를 즐긴다. 아리스토텔레스는 『시학』에서 비극은 감정의 카타르시스를 행한다고 했다. 무의식 속에 잠겨 있는 트라우마나 콤플렉스를 말이나 행위, 감정으로 외부로 격렬하게 발산시키는 과정에서 정신적 정화가 이루어진다고 보는 견해다. "당신의 손바닥 위에서/ 발버둥치는 나의 삶"을 인식하며 "눈물처럼" 술을 마시는 감정의 해방구는 무대화된 비극의 한 장면과 다름없다. 그리하여 내면으로 시선을 돌린 시인은 "내 마음의 맷집을 더욱 키운다"면서 주체적 세계와 만나게 되는 것이다.

　　단 한 번도 등 돌린 적 없다
　　나보다 더 나를 믿으며 사랑하며
　　낯선 땅 낯선 길이라도
　　한 치의 망설임도 없이 따라나선다
　　길바닥에 한참 눕혀 놓아도

사람들 발에 마구 짓밟혀도 넌

아무 내색 없이 툭툭 털고 일어났다

때때로 세상살이 허방 짚고 낙담하면

너만이 내 손을 끝까지 놓지 않았다

내 님을 저 멀리 떠나보냈을 때도

너만이 내 슬픔의 어깨 감싸주면서

손바닥의 눈물이 마를 때까지

오후 네 시 반의 긴 그림자 흔들렸다

―「나의 그림자」, 부분

오늘 전투에서 난 죽는다

아무도 주목하지 않는 사이에

불가촉천민不可觸賤民으로 아무개와 함께

대사는커녕 이름 없이

한숨과 고통을 껴안고 꼬꾸라진다

―「나의 연기는 낙관이 없다」, 부분

그날 그때가 오면,

평생 채식하던 나의 투명한 육신은

어느 乙의 간으로 다시금 태어나겠어요

어느 乙의 콩팥으로 다시금 살아나겠어요

세상의 독을 마다않고 걸러주겠지요

세상의 노폐물을 마다않고 내보내겠지요

　　　　　　—「나의 버킷리스트」, 부분

　시인은 그림자를 통해서도 주체와 만난다. 그림자는 지상에 존재하는 모든 것이 지니는 음영이라는 점에서 존재자의 분신을 상징한다. 이와 함께 존재자가 지닌 상처나 슬픔 같은 그늘을 의미하기도 한다. 또 인간의 의식의 바닥에서 각성되지 않은 상태에 있으면서도 인간의 의식이나 감정에 영향을 미치는 무의식을 나타내기도 한다. 시인은 이와 같이 다양한 의미를 발생시키는 그림자를 통해 자아와 분리된 주체, 라캉 식으로 말하자면 무의식의 주체로 진입한다. 자아가 자신을 드러내는 의식의 주체라면 자기는 자신을 드러내지 않는 무의식의 주체이다. 자아가 의식적 일상의 나라면 자기는 무의식적 본원의 나이다. 그림자는 에고가 아니라 나 자신, 곧 자기이다. 아시다시피 우리가 의식하는 현실은 우리가 태어나기 전부터 타자가 지배하고 있었다. 이 타자를 대표하는 것이 언어라는 상징이다. 그림자는 언어적 질서와 관계없이 존재자가 태어나면서부터 지닌 분신과 같은 것으로서 타자의 의미(signifié)를 갖지 않는 외관, 즉 기표(signifiant)의 질서이다. 무의식의 주체인 시니피앙을 옷처럼 껴입음으로써 시인은 "세상살이 허방 짚고 낙담"한 나의 "슬픔의 어깨"를 활짝 펴려한다.

　"나"는 주연主演의 그림자 역할을 한다. 그러나 이 그림자는 주연의 분신과 같은 그림자가 아니라 존재감이 미미해서 눈에 띄지 않는 존재를 의미한다. "오늘 전투에서" 죽어도 "아무도 주목하지 않는"(「나의 연기는 낙관이 없다」) 존재다. 해서 시인은 그런 을들의 입장에서 '버킷리스트'(「나의 버킷리스트」)를 작성한다. 죽음을 목전에 둔 때가 온다면 "세상의 눈물을 외면하지 않고 닦아주"는 "甲의 눈"이 되고, "세상의 허물을 탓하지 않고 감싸주"는 "甲의 심장"이 되는 일이 그것이다. 그러므로 시인은 꿈꾸는 자이다. "이름 없이/ 한숨과 고통을 껴안고 꼬꾸라"지는 날들을 견디며 '어느 乙의 간으로, 어느 乙의 콩팥으로 다시 태어나 살아나기'를, 세상의 독을 걸러주고, 세상의 노폐물을 내보내는 간과 콩팥으로 재생하기를 열망하는 자이다. 을과 자신을 동일화함으로서 시인은 세상 모든 을의 주체로 거듭난다.

    숭례문 밖 대로변에 있어요
    한 평 남짓 허름한 구둣방
    삼십 년간 구두를 수선하고 광내며
    큰 욕심 없이 살아가지요

    오직 맨손으로 구두를 닦아요
    천으로 약칠하고 광내면
    빈틈이 남기 십상이죠, 그래서

맨손에 구두약을 묻혀 닦는 거예요

날마다 이 흉하고 거친 손으로

구두 주름까지 반짝반짝 광내지요

땀은 배신하지 않는다고

입소문 타고 단골도 늘었어요

분주한 발걸음이 오가는 구둣방

남자는 구두로 말한다지요

매일 수십 켤레를 닦다 보니

이젠 구두만 쓱 봐도

당신의 삶과 성격이 보여요

눅진한 땀 냄새와 거친 숨결을 느껴요

어디 한번 볼까요

세 번째 굽갈이한다고요

겉가죽은 주름 골이 깊고

뒤축은 바깥 면이 많이 닳았군요

기울어진 운동장이라 그럴 거예요

당신 발에 길들여진 검정 구두

한때 세상의 길을 이끌고 다니며

질주의 욕망을 불태웠겠지요

때로는 잘못 든 길, 가고 싶지 않던 길

가지 못한 길도 없지 않았겠어요

구두가 어디 당신 체중만 싣던가요
당신이 평생 감당해야 할 몫
가족의 짐, 세상의 짐, 마음의 짐까지
그 삶의 무게가 얼마든가요
마음에 쫓겨 잰걸음 놓을 때도
이 구두가 당신 짐을 싣고 다녔어요
얼마나 **치열한 삶**의 구두인가요
능히 戰士의 구두라 부를 만하잖아요

예부터 저 숭례문을 들어설 때
다들 차림새를 가다듬었지요
새 구두처럼 손질하고 광냈으니
정상운행에 차질 없을 거예요
다시금 질주의 욕망을 불태우겠어요

―「숭례문 구둣방」 전문

　눈물과 소금이 등가를 이루었던 김장호 시인의 언어는 이제 "땀"을 통해 소금의 맛을 찾아내는 것으로 전환된다. 사실적 관찰을 통해 외길 인생의 모습을 보여주는 「숭례문 구둣방」이 그러한 시이다. 이 시의 주인공 '숭례문 구둣방 주인'은

"땀은 배신하지 않는다"는 신념을 가진 사람이다. "숭례문 밖 대로변"에서 "삼십 년간 구두를 수선하고 광내며" 살아와 구두만 보면 그 사람의 "삶과 성격"까지 읽어낼 만큼 구두에 관한 한 '달인'이라 불러도 모자람이 없는 전문가이다. 그래서 구두를 닦으러 온 사람이 짊어진 "가족의 짐, 세상의 짐, 마음의 짐"의 "무게"까지도 헤아릴 줄 안다. 이러한 구둣방 주인의 입을 통해 시인은 을乙로서 "치열한 삶"을 살아온 사람들의 구두를 "戰士의 구두"라 이름 짓기도 한다.

이 지점에서 우리는 '나'로부터 벗어나 주어진 일에 성심을 다하는 을의 목소리에 다시 한 번 주목하게 된다. 맨손으로 구두를 닦으며 구두 주인의 "눅진한 땀 냄새"를 호흡하는 구둣방 주인의 진솔한 독백이 그것이다. 이 독백은 자신과 구둣방 손님의 삶을 통찰하여 의미화하려는 욕구이다. 의미화는 객관화된 좌표를 요구한다. 외길 인생을 살아온 구둣방 주인을 객관적 주체로 등장시켜 주관적 세계와 일정한 거리를 유지하며 대상을 노래하는, 이 관찰적 수법에서 우리는 시인의 고심을 짐작하게 된다. 뿐 아니라 땀 냄새 배인 구두를 새 구두처럼 깨끗하게 닦아 신은 을이 걸어가는 삶의 길에서 우리는 우리 모두의 삶의 공간에 놓인 길과 그 길의 관계에 대해 생각하게 된다.

세상의 빗자루로 살아오신 아버지

이젠 걸레로 납작 엎드려서

세상의 더러움을 온몸으로 받아들이고

무르팍의 아픔을 견뎌내며

세상의 바닥을 순례하신다

여기저기 냄새 자국 훔쳐내며

구석구석 눈물 자국 닦아내며

─「아버지 걸레 되시다」부분

이삿짐을 정리하고

가훈 액자 걸려고 거실을 둘러본다

우리 집은 어머니의 유훈을

가훈으로 삼았다

'남의 가슴에 못을 박지 마라'

─「못질」부분

하루의 문이 닫힌다

늦은 밤, 오늘도 참 수고했다고

내 안의 나에게 악수를 청하지만

더러 외면당할 때도 있다

─「악수를 하며」부분

김장호 시인이, 자신과 을로 상정된 이웃의 삶을 주체적으로 성찰하면서 그것을 토대로 삶의 짠 소금 맛을 줄기차게 탐색해온 바탕에는 아버지와 어머니의 삶의 이력이 녹아 있다. "세상의 빗자루로 살아오신 아버지"가 닦아내는 "눈물 자국"(「아버지 걸레 되시다」)이나 가훈으로 삼은 "어머니의 유훈"(「못질」)은 자연스럽게 시인 자신의 시적 행로로 이어졌을 것이다. "세상의 빗자루"와 같은 삶, "남의 가슴에 못을 박지" 않는 삶은 곧 세상 모든 을들과 조화를 이루며 더불어 살아가는 삶이 아니겠는가. 달리 말하면 이것은 험난한 세상을 헤쳐 오면서 얻은 삶의 지혜요, 세상의 이치를 집약한 언어다. 따라서 가끔은 "내 안의 나에게 악수를 청하지만/ 더러 외면당할 때도 있다"는 것을 자각하면서 걸어가는 시인의 시적 행로는 소금의 참맛을 '다시' 발견하려는 의미를 가진다.

이 여로에서 시인은 다양한 풍경과 조우한다. 그리고 시인이 받아들인 풍경은 서정의 물결로 충만하다. 간단하게나마 살펴보고 넘어가자.

> 오늘은 누가 저리 목탁을 두드릴까
> 목탁귀 밝은 이들이 드나들 때 시나브로
> 울리는 소리, 너는
> 봄날 연분홍 꽃으로 피어나고
> 여름날 황금빛 살구로 익어가고
>
> ―「살구나무 2」 부분

웃자란 욕심의 곁가지

앙살 피우는 핑계의 잔가지

단박에 쳐낸다 기꺼운 마음으로

자리에 누워 불을 끄니

뒷산 소쩍새 소쩍소쩍 운다

― 「가지치기」 부분

밥은 경전이다

우리는 한 그릇의 밥이다

줄서 탁발하고 보시하고 공양하는

시위대와 전경과 사내와 비둘기가 있다

― 「숭고한 밥」 부분

   이들 시에 나타난 동일성 시학은 자연과 조화를 이루면서 전개된다. 먼저, 살구나무로 만든 목탁의 소리를 "봄날 연분홍 꽃으로 피어나고/ 여름날 황금빛 살구로 익어가"는 것으로 노래한 「살구나무 2」는 공감각성 속에서 물결치는 서정을 느낄 수 있는 시이다. 목탁 소리는 계절적 측면에서 봄-여름으로 이어지고, 색채적 측면에서는 연분홍-황금빛으로, 이미지적 측면에서는 꽃-살구로 전개된다. 시간적 측면으로는 피어나고-익어가는 성숙의 과정을 보인다. 이런 공감각성은 언어의 질감과 폭을 풍요롭게 만들어준다.

이와 함께 "욕심의 곁가지"를 치고 자리에 누우니 "뒷산 소쩍새 소쩍소쩍 운다"고 노래한 「가지치기」는 인간과 자연의 교감이 서정적으로 출렁이는 것을 만날 수 있는 시이다. 우리 전통에서 소쩍새는 가난의 상징이고, 한恨의 서러움을 품고 있는 것으로 해석되곤 하였다. 그러나 이 시에서는 "욕심"을 비운 청빈한 내면을 대신하는 것으로 표상된다. 이 시는 이러한 내면을 서정적으로 전개함으로써 울림의 진폭을 확장한다.

「숭고한 밥」은 어느 화창한 봄날에 시위대와 전경이 대치하고 있는 광경을 형상화하고 있다. 폴리스라인을 사이에 두고 시위대와 전경은 서로 한 끼의 점심을 먹는다. 바로 이 지점, 팽팽한 긴장을 서로 내려놓고 빈속의 허기를 채우는 행위에 시인은 주목한다. 시인은 "밥"을 "경전"이라 명명하면서 "우리는 한 그릇의 밥이다/ 줄서 탁발하고 보시하고 공양하는/ 시위대와 전경과 사내와 비둘기가 있다"라고 상상력을 이끌어낸다. 이와 같이 동일성의 시학이 구현된 시들은 생명의 아름다움이 태어나는 풍경의 한 지점을 만날 수 있게 한다.

이처럼 김장호 시인은 생존이라는 명제 앞에 전후 사방 볼 것 없이 그저 땀범벅 되어 달려야만 하는 을의 삶을 다양한 형식으로 빚어내는 과정에서 충만한 서정의 세계를 풀어내기도 한다. 시인은 '돈세탁', '스펙세탁', '족보와 신분세탁', '영혼세탁'(「세탁주의자의 세탁論」)까지 하며 갑으로 탈바꿈하려는 세태를 조롱할 때도 있지만, 이항대립적인 물질문명사회를 살아가는 을의 고단한 삶을 서정이라는 형식에 담아 위무하고 있는 것이다.

   그리하여 마침내 시인이 도달한 지점은 삶의 참맛을 온몸으로 맛보는 세계다. 다음 시는 그러한 세계에 진입한 시인의 의식을 집약하여 보여준다.

     소금이 온다
     신안 중도 태평염전 소금밭
     한여름 뙤약볕을 삼켜서야 소금이 온다
     하늬바람 부는 날에는
     바스락바스락 발소리 내면서

     소금이 온다
     고통 없이 소금은 오지 않는다
     바다가 바다를 낳고
     파도가 파도를 낳는 그 산고産苦의 눈물
     햇볕과 바람에 말리면서
     비지땀 흘려가며 고무래질해야, 비로소
     드넓은 소금밭에 하얀 소금이 온다
     밤 이슥하도록 소금이 살찐다

     두 눈을 지그시 감는다

담백한 짠맛은 바다의 것이리

부드러운 단맛은 햇볕의 것이리

짭짤한 향기는 바람의 것이리

가슴에 바다 한 뙈기 일궈본 자만이

소금의 참맛을 안다

당신의 소금창고에는

우유니 소금사막보다 더 영롱한 눈물이

고슬고슬 여물어간다

        ―「소금이 온다」 전문

 이 시는 김장호 시인의 인생관 또는 그의 시가 지향하는 바를 함축적으로 보여준다. 이 시의 실제 무대인 전남 신안군의 섬 지역 증도에 있는 "태평염전"은 "한여름 뙤약볕을 삼켜서야 소금이" 오는 삶의 장소다. 즉 극한의 노동과 땀으로 소금 농사를 짓는 사실적이고 입체적인 공간이다. 그러므로 이 소금밭은 "고통 없이"는 도달할 수 없는 곳이다.

 힘겹게 농사를 지어 소금을 얻는 존재는 사람이지만, 시인은 인간이 소금의 주인이라고 섣불리 말하지 않는다. 소금이 가진 "담백한 짠맛은 바다의 것"이고, "부드러운 단맛은 햇볕의 것"이며, "짭짤한 향기는 바람의 것"이라 생각한다. 바다와 햇볕과 바람의 합동작품이 바로 소금이라는 것이다. 이것은 생태학적 상상력이고 인드라망網의 세계다. 이성중심주의는 자연을 인간의 소유물로 여겨 지배의 대상이나 이겨야 할 대상으로 여기지만 생태주의는 세상 만물은 서로 연결되어 있고, 고유한 생명을 가지고 있다고 본다. 이러한 생태학적 사유는 자연과 인간의 삶이 혼융되며 조화를 이루어 통섭하는 데까지 이른다.

그리하여 드디어는 "가슴에 바다 한 떼기 일궈본 자만이/ 소금의 참맛을 안다"고 선언하게 되는 것이다. 그 선언에 뒤이어 시인은 "당신의 소금창고"에서 "고슬고슬 여물어"가는 "영롱한 눈물"의 결정체를 보여준다. 고난과 고통, 절망과 좌절의 길을 걸어 비로소 당도한 이 눈물의 세계는 그 무엇으로도 대체할 수 없는 시인의 값진 성찰의 결과물이다. "햇볕과 바람에 말리면서/ 비지땀 흘려가며 고무래질해" 생산하는 소금, 이 "소금의 참맛"이야말로 세상의 모든 을들이 걸어온 인생길의 맛이 아니겠는가.

이 시집에 등장하는 을은 소수자이고 약자이다. 또한 루저이고 실패자이며, 위너가 되기 위해 부단히 점프하는 소시민들이다. 그러나 이들 을의 사전에 좌절하거나 절망하여 걸어가기를 멈추는 일이란 없다. 김장호 시인은 이들의 삶을 진중하게 성찰하고 탐색해왔다. 동시에 그러한 을과 세계 사이를 가로지른 불화의 장막을 걷어내려는 시도를 멈추지 않았다. 이 시도는 사실적이고 구체적인 형식을 통해 전개되었으며,

갑과 을이라는 이항대립적 관계를 해소하려는 생태학적 상상력으로 이어지기도 했다. 또 자아와 세계의 동일성 시학으로 나타나기도 했다.

이러한 시의 세계 속에서 은유되거나 상징화된 소금은 의미의 행간에서 발견과 성찰의 참맛, 조화와 생명의 참맛, 또는 주체로서의 참맛을 지닌 아름다움이 태어나는 지점을 보여주었다. 김장호 시인의 목소리는 모든 을들의 목소리이다. 그 목소리를 따라가면, 자기 삶의 자리에서 한 뙈기 바다를 일궈 수확한 소금의 참맛을 품은 맨얼굴들이 도처에 있다.

| 김장호 |

시인. 칼럼니스트. 대구시 달성군 현풍 출생.
2005년 조정권 원구식 강성철 시인의 추천을 받아 『시사사』로 등단. 현재 신문과 잡지에 우리나라 명사들의 인터뷰 기사와 칼럼을 쓰고 있다. 시집『나는 乙이다』, 『전봇대』, 산문집『희망 한 다발 주세요』등이 있다. 시「그 한마디 말」이 중학교 국어 교과서에 실렸다.

E- mail: jhkwins@hanmail.net

소금이 온다 ⓒ 김장호 2018

초판 인쇄 · 2018년 2월 10일
초판 발행 · 2018년 2월 15일

지은이 · 김장호
펴낸이 · 이선희
펴낸곳 · 한국문연

서울 서대문구 증가로 31길 39, 202호
출판등록 1988년 3월 3일 제3-188호
대표전화 302-2717 | 팩스 · 6442-6053
디지털 현대시 www.koreapoem.co.kr
이메일 koreapoem@hanmail.net

ISBN 978-89-6104-201-7 03810

값 9,000원

* 잘못된 책은 바꾸어 드립니다.

이 도서의 국립중앙도서관 출판시도서목록(CIP)은 서지정보유통지원시스템 홈페이지(http://seoji.nl.go.kr)와 국가자료공동목록시스템(http://www.nl.go.kr/kolisnet)에서 이용하실 수 있습니다.
(CIP제어번호: CIP2018001807)